高校德育成果文库

GaoXiao DeYu
ChengGuo WenKu

改革促发展 创新塑品牌

改革中砥砺奋进的贵州城市职业学院

蒙永福　主编

光明日报出版社

图书在版编目（CIP）数据

改革促发展 创新塑品牌：改革中砥砺奋进的贵州
城市职业学院/蒙永福主编 .-- 北京：光明日报出版
社，2020.6

ISBN 978-7-5194-5764-8

Ⅰ.①改… Ⅱ.①蒙… Ⅲ.①贵州城市职业学院—校
史 Ⅳ.① G719.287.31

中国版本图书馆 CIP 数据核字（2020）第 091092 号

改革促发展　创新塑品牌：改革中砥砺奋进的贵州城市职业学院
GAIGE CU FAZHAN　CHUANGXIN SU PINPAI：GAIZHE ZHONG DILI
FENJIN DE GUIZHOU CHENGSHI ZHIYE XUEYUAN

主　　编：蒙永福

责任编辑：庄　宁　　　　　　责任校对：李　荣
封面设计：中联学林　　　　　　责任印制：曹　净

出版发行：光明日报出版社
地　　址：北京市西城区永安路 106 号，100050
电　　话：010-63139890（咨询），010-63131930（邮购）
传　　真：010-63131930
网　　址：http://book.gmw.cn
E - mail：zhuangning@gmw.cn
法律顾问：北京德恒律师事务所龚柳方律师

印　　刷：三河市华东印刷有限公司
装　　订：三河市华东印刷有限公司
本书如有破损、缺页、装订错误，请与本社联系调换，电话：010-63131930

开　　本：170mm×240mm
字　　数：237 千字　　　　　　印　　张：14.5
版　　次：2020 年 6 月第 1 版　　印　　次：2020 年 6 月第 1 次印刷
书　　号：ISBN 978-7-5194-5764-8

定　　价：95.00 元

编 委 会

贵州城市职业学院简介

一、历史沿革

贵州城市职业学院是2001年经省人民政府批准成立，教育部备案并纳入国家计划内统一招生录取的贵州省第一所民办高校。其前身为贵州鸿源管理工程职业学院，2005年更名为贵州亚泰职业学院。2014年3月，经贵州省人民政府批准，学院更名为贵州城市职业学院。

二、办学现状

（一）占地、建筑面积

学院坐落在风景秀丽的花溪河畔，拥有花溪校区和大学城校区两个校区。2011年12月，省政府438号文件批准同意学院进入大学城建设新校区。大学城校区校园规划占地1500亩，建筑面积50余万平方米、总投资为15亿元人民币、在校生规模为30000人。目前大学城校区已完成征地983亩，投资7.85亿元，校舍建筑面积近30万平方米。花溪校区占地面积约160亩，现有校舍面积14.6万平方米，拥有教学楼、图书馆、学生食堂、学生公寓和运动场以及各个专业实验室。新校区全部建设完成后，将是一所设施先进、配套完善、功能齐全、环境优美的崭新校园，届时将为学院人才培养提供强有力的保障。

（二）现有办学规模

现有全日制在校生18000人。办学18年来教学质量不断提高，累计已为国家培养了30000多名毕业生。

（三）现有教师队伍

学院拥有实力较强、结构合理、素质精良的师资队伍。现有专兼职教师830余人。其中专任教师530人，专任教师中具有正高职称教师5人，具有副高职称教师43人，具有中级职称教师107人；具有博士学位教师5人，硕士学位教师59人。学院不断完善教师考核评价机制，改革人事制度，激发教师的创新活力。

（四）管理组织系统

学院依法建立健全了领导班子和组织机构，实行董事会领导下的院长负责制。校党委设3个党总支，11个支部；校行政设人事处、教务处等25个部门、7个教学单位。

（五）学科专业设置

近年来，学院在对社会需求充分预测与调研的基础上，坚持以服务为宗旨，以就业为导向，以地方经济社会发展对高职人才的需求为基础，不断调整完善专业设置，重点建设优势专业和特色专业，构建适应地方经济社会发展需要的具有高职特色的专业布局，培养适应生产、建设、管理和服务一线需要的高素质技术技能型人才，主动服务地方社会经济发展。

学院设有城建学院、医护学院、商务学院、机电学院、大数据学院、艺术学院等教学单位以及图书馆、教育设备处、就业指导服务中心等教辅部门。开设有建筑类、医护类、经管类、机电类、艺术类和大数据等43个专业，形成了以建筑、电子、信息、经管大类专业为主，以艺术传媒、护理等专业为辅，相互支撑、协调发展的专业格局。

（六）对外开放办学

学院十分重视对外合作交流，先后与泰国博仁大学、曼谷吞武里大学、马来西亚城市大学、韩国牧园大学和新西兰北方理工大学等国外大学签订了合作协议书，在互派留学生、教师提高学历以及学术交流等方面进行合作与交流，从而为学院开放办学，引进优质教学资源和国际化发展打下良好的基础。

（七）校园文化精神

1.校标、校歌、校旗、校训

校标——贵州城市职业学院标志设计采用圆形徽章外形，体现庄严、规范、严谨之意。该标志是以英文"C"和"S"、立体图形（方体）、翻开的书本形态为设计元素进行变形、组合而来，整个标志以单色形式表现，标准色为蓝色，蓝色代表海洋、代表健康、代表发展与希望，寓意学院有着广阔的发展前景。

校歌——《奔向辉煌》，旨在激励和团结广大师生员工发扬城院精神，勤奋工作，开拓创新，积极创造学院辉煌灿烂的未来。

校旗——校旗是以红色背景为主，由学院校徽、学院中英文名称构成。鲜红色寓意着学院莘莘学子像初升的太阳一样、朝气蓬勃、热情洋溢，有一颗勤奋向上的心，迸发出无限的激情。上下暗纹寓意学院高速发展，犹如万千学子在老师的关怀下积极进取，携手走向灿烂的未来，共创学院辉煌。

校训——求慧至真、笃行超越。它所表达的就是要我们通过不断地追求知识与实践，使自己具备聪慧的思维方式和高超的处理问题的能力，做事真实可靠；在做人做事方面诚实守信、脚踏实地，不断在新的起点上创新前行。

2. 办学理念

质量立校、特色兴校、创新强校、依法治校。

3. 人才培养理念

就业导向、技能本位、面向基层、服务社会。

（八）办学成效

在省委、省政府的领导下，在省教育厅的支持和指导下，学院始终秉承"求慧至真、笃行超越"的校训，突破思维定式，凭睿智处理各种复杂问题，坚持正确的办学方针，坚持"以市场为导向，以质量求生存，以特色求发展，以规模求效益"的办学方向，通过"抓规范、重质量、创特色，塑品牌"的一系列改革活动，使学院各方面都取得了长足的进步。学院2011年获得全国特色教育二等奖，2012年获得全国优秀民办高校的光荣称号，2013年顺利通过了教育厅组织的"思政评估"和"人才培养评估"，2015年获得"优秀基层党组织"荣誉，2018年获得"安全文明示范校园"称号。

18年的改革发展，使学院从最初的租赁校舍办学到投资近10亿元、建成近30万平方米的新校区；从在校生不足100人到今天1.8万人的规模；从没有像样的教学仪器设备，到拥有5000余万元实训、实验设备；从不足千册图书到拥有80万册图书资料和建筑面积1.7万平方米的图书馆。所有这些都是学院不断改革创新、广大教职工锐意进取所结出的丰硕成果。

学校重视学生专业技能的培养，制定和完善了实践教学管理制度，从制度上保证实践教学质量和完善实践教学体系建设，逐步形成了具有特色的"一体两翼"式实践教学体系，即以技术技能应用能力为主体、职业技能竞赛和职业资格证书获取为两翼，有效地培养了学生的专业技能，提高了实践教学效果和教学质量。一体两翼实践教学模式取得了良好的效果，从2009年开始，学院积极参加全省高职院校各类技能大赛，曾连续六年获得全省高职院校建筑技能大赛第一名，并代表贵州省参加全国"广联达杯"建筑技能大赛，荣获1项冠军，两个一等奖，3个二等奖。近五年来，城建学院、机电学院、商务学院、医护学院、大数据学院等的师生累计获得各种技能大赛奖项700余项，标志着学校办学质量和办学水平进一步提高，毕业生就业率始终保持在96%以上。截至2018年年底，学院已为国家、社会培养了近30000名毕业生，为贵州教育事业做出了积极的贡献。

三、发展规划

（一）发展定位

学院的办学定位是"立足贵安、服务贵阳、面向贵州、辐射全国"。学校人才培养紧紧围绕区域经济社会发展需要和人的全面发展需要，培养具有朴实的职业品质、踏实的职业作风、务实的职业态度、现实的职业理想与行为取向的"重道德，懂礼仪、敢担当、强能力、高素质"的应用型、创新型、复合型技术技能人才。

（二）发展目标

学院的发展目标是把学院办成规范、科学、高水平、在西南有影响力和全国知名度的民办大学，使学院办学水平跻身全国民办高校100强，为国家培养更多高水平经济人才，为建设和谐贵州做出更大的贡献。

学院正加强内涵建设和学科体系建设，努力提升办学水平，为升格为应用型本科高校打下良好的基础，为贵州社会经济发展建设和谐社会做出更大的贡献。

奋进中的贵州城市职业学院

序

贵州城市职业学院是2001年经省政府批准成立、教育部备案，纳入国家统一计划招生录取的全日制普通高校。伴随着新时代的脚步，贵州城市职业学院走过了18年的发展办学历程，一路风雨兼程，一路高歌猛进。我们曾在困境中追求突破，也曾在璀璨中点亮斗志，回顾城市学院的发展历程，我们充满信心、憧憬辉煌。

一、领导关心支持，城院长足发展

贵州城市职业学院自办学以来，一直受到省委、省政府和教育厅的关心和帮助，省政府几届领导马文骏、刘鸿庥、秦如培、陈明鸣副省长和几任教育厅厅长、霍健康、王凤友、邹联克等领导多次莅临学院视察指导工作。特别是现任省政协主席刘晓凯同志，多次莅临学院考察指导，还亲自参加城市学院新校区开工典礼并发表重要讲话。领导的关心和支持，极大地鼓舞和激励了我们全体教职员工，使我们在艰难困苦的办学过程中，始终不忘教育为民之初心，昂首阔步，冲破一个又一个艰难险阻，开创了这方热土上民办高校新纪元和新辉煌。

贵州城市职业学院虽然几经易地办学，两次变更校名，但城院人始终不变的是艰苦奋斗、锐意进取、自强不息、改革创新和敢为人先的精神，正是这种精神激励了城院人不断与时俱进，不断改革创新，使贵州第一所民办高校矗立在黔中大地上，并取得了世人瞩目的成就。

二、教师辛勤耕耘，激发莘莘学子

学院一贯重视师资队伍建设。一方面通过制定和完善各项管理制度，对教师的师德修养提出明确的要求，坚持"思想、业务、待遇"一起抓，采取"培养、选拔、使用"一体化，通过"说课大赛""多媒体课件大赛"及"校内名师制"等多种方式加快教师队伍建设步伐，教师队伍整体素质和专业能力得到较快提高。另一方面逐步制定和完善激励机制，鼓励教师进修培训、提升学历和职称，同时鼓励他们积极参加生产实践和开展科研工作，对有突出贡献者予以重奖。通过采取以上措施，激励教师不断研究、探索、创新教学方法和手段，提高教学质量，努力为广大教师营造"干事有舞台、提高有机会、发展有空间"的环境，不仅保证了教师队伍质量的稳步提高，也进一步优化了师资队伍结构，为提高教育教学质量奠定了良好的基础。

学院坚持党的教育方针，遵循教育教学规律，并始终坚持"质量立校、特色兴校、创新强校、依法治校"的办学理念，实施以人为本的管理，不断提高教师队伍的素质。目前，学院拥有实力雄厚的师资队伍和年龄结构合理的管理队伍。现有专业教师600余名，其中教授、副教授、博士、硕士研究生、双师型教师300余人。学校培养了一批骨干教师和专业带头人，已形成一支结构合理、素质优良、实力雄厚、充满活力的专兼职教师队伍。"洒下园丁千滴汗，浇得满园春色浓"，教师们志存高远、崇尚敬业是城市学院长足发展的强劲动力。

"把绝顶聪明的青年学子锻造成为时代经济浪潮中的骄子"是城市职业学院对广大学子不变的承诺。"学好一门专业，掌握一项技能，成为未来职场精英，谱写人生美好华章"，这是广大教师和学子们共同的追求。学校也将以强大的办学实力与时俱进，谱写21世纪职业教育的诗篇，让豪迈的莘莘学子从城市学院扬帆起航、创造辉煌！

几年来，学院制定和完善了实践教学管理制度，从制度上保证实践教学质量和完善实践教学体系建设，逐步形成了具有特色的"一体两翼"式实践教学体系。一体两翼实践教学模式已取得了良好的效果，为贵州教育事业做出了积极的贡献。

三、学院锐意改革，谱写教育新篇

按照"能力本位、产学合作、就业导向"的思路，学院积极探索并形成了由行业、企业和学校共同研究完成课程开发的模式，构建了以"三符合"为特征的课程体系。与此同时，学院通过推行精品开发课程建设战略和按照实用性、先进性要求整合设置课程，以及优选高职高专教材，积极推进自编教材建设等，使学院的课程建设取得了显著的成效。

在教学实践中，学院遵循"以服务为宗旨，以就业为导向"，走"校企合作、工学结合"发展道路的办学指导思想，并逐步凝练形成了"就业导向、能力本位、面向一线、服务地方"的办学定位。学院高度重视毕业生就业推荐工作，设有就业指导服务中心，先后与贵州、深圳、东莞、苏州、常州等省内外230多家企业签订了校企合作协议，与贵州饭店、深圳格兰云天酒店、贵州汽车运输集团、中国移动等40多家大型企业签订了合作或订单培养人才协议，学生毕业后实现零距离就业。

18年的改革发展，使城市学院从最初的租赁校舍办学到投资近10亿元、建成近30万平方米的新校区；从在校生不足100人到今天1.8万人的规模；从没有像样的教学仪器设备，到拥有5000余万元实训、实验设备；从不足千册图书到拥有80万册图书资料和17000平方米的图书馆面积。所有这些都是学校不断改革创新，广大教职工锐意进取所结出的丰硕成果。

四、党委立德树人，承载神圣使命

立德树人是学校教育的根本，办好人民满意的教育，意味着我们的教育要培育青少年学生健康的人格、美好的心灵，让学生拥有终身学习和成长所需的知识和能力；意味着学生从毕业踏入社会，能够树立自己的理想，能够担当时代赋予的使命和责任。

立德树人事关"培养什么人"以及"怎样培养人"。这个问题始终是教育的永恒主题和根本问题。学院党委发挥了政治核心作用和监督保证作用，确保党和国家及学校的各种方针、政策、决定在全院贯彻执行。为此，学院党委切实加强思想政治教育工作，在造就学生诚信品德方面狠下功夫。为了使学生进校后树立自信，勤奋学习，顺利完成学业，学院党委加强思想政治教育，坚持学院的办学理念，着力锻造学生自信、自律、自立、自强的信心，造就学生诚信的品德，培养学生奋发有为的精神。号召广大学生积极向党组织靠拢，树立远大理想。并在实践中充分发挥学生党员和入党积极分子的模范带头作用。

立德树人要求党委工作必须创新。2017年学校党委开展了目标教育实践，以帮助学生树立正确目标、实现全面发展、开创美好未来为宗旨。推行"三全育人"工作新模式。通过开展全员育人,扩大思政教育参与性;通过全过程育人,体现思政教育连贯性;通过全方位育人,彰显思政教育全面性。

立德树人必须采用丰富多彩的教育形式。为了强化立德树人这个根本,学院党委积极开展丰富多彩的教育实践活动,"项目超市""运动超市""实训超市""社团超市"等就是学生课余时间开展的一系列教育实践活动,其目的就是在不断丰富学生业余生活的同时,培养学生的兴趣爱好,提升学生的各种技能和道德修养。

五、我们阔步前进,努力再创辉煌

如今的城市学院经历了"建章立制、夯实根基"的初始创业时期,走过了"扩大规模、拓展外延"的规模发展时期,现在进入了"深耕内涵、追求卓越"的战略发展时期。特别是在习近平新时代中国特色社会主义思想的指引下,学校必然要转变办学理念,创新人才培养模式;转变发展方式,转变学校管理模式,实现内涵发展,特色发展,提升办学层次,努力探索和创新现代职业院校办学理念和治校方略。

拥有18年发展历程和成就的城市学院,更希望在新时代背景下抢抓机遇,更渴望做强、做大、做优。根据国家和贵州省"十三五"规划确立的教育事业发展目标,结合贵州城市职业学院的实际情况,学院董事会制定了满足社会需求,符合学院发展的《贵州城市职业学院十三五教育事业发展规划》,在规划纲要中,确定了学院总体发展目标任务,那就是按照"三段式发展路线图"运行:抓规范、重质量、创特色、重构教育模式;重内涵、强管理,实施升本工程;做精品、创品牌,创建一流民办大学。

"雄关漫道真如铁,而今迈步从头越",目标已经明确,前途光明灿烂,让我们用爱心和汗水,强化"共建、共荣、共享"的信念,在改革中求发展,在发展中求和谐,努力开创贵州城市职业学院更美好的明天!

目　录
CONTENTS

第一章　开创贵州民办高校新纪元

第一节　贵州第一所民办高校创立

一、中国民办高校的发展历程

（一）我国古代的民办高等院校变迁

民办高校在春秋战国时期就已经诞生，孔子是创办我国私立高等院校的先驱。根据《史记·孔子世家》记载，在孔子门下，有"弟子盖三千者，身通六艺者七十有二人"。中国古代对高等学府称谓为有以下几种。

学宫——是一所最早（战国时期）的由官家操办而由私家主持的高等学府；全称是稷下学宫，又称稷下之学，战国时期田齐的官办高等学府，始建于齐桓公。稷下是齐国国都城门，位于齐国国都临淄（今山东淄博市）稷门附近。

经馆——具有固定场所、由著名学者聚集讲学的古代高等教育机构。

书院——是一种以私人创办为主、教学活动与学术研究相结合的高等教育机构，兴盛于宋，历经元、明、清初。

学堂——到清末把书院改为学堂。

古代的高等教育作为我国古代教育制度的重要组成部分，在传承文化、培养人才、交流学术方面做出了巨大的历史贡献。而高等教育的载体——高等院校则是从1840年鸦片战争外国教会创办教会大学开始，一直延续至今天。

（二）我国近现代的民办高等教育

一是由外国教会创办的教会大学。1840年鸦片战争以后，西方列强强迫清政府签订了许多不平等条约，获得了在我国兴办教会学校的特权，美、英等国在我国建立了许多教会大学。

二是由我国自己创办的高校。最早可追溯至1878年张焕伦在上海创办的正蒙学院。1912年私立高校得到较大发展。到抗战胜利后的1946年，我国私立高校有64所，学生40581人，分别占公、私立高校和学生总数的34.6%和31.5%。

（三）我国当代的民办高等教育

民办高等教育是中国高等教育发展的必然产物，作为我国高等教育的一个重要组成部分，它在推动高等教育大众化、缓解升学压力、促进市场经济发展、提高国民素质等方面发挥了自己独特的作用。

在新中国成立初期，全国有高校227所，其中私立高校69所，占总数的39%。新中国成立以后，人民政府大力发展公办学校，于1951年将全部教会大学收为国有，1952年将其他私立高校全部改为公立。改革开放后，我国民办高校的发展经历了四个阶段。

第一个阶段，1978年到1991年，以1978年第一所民办高校湖南中山进修大学成立为标志，民办教育开始产生，以非学历教育的再度萌生为主要表现，它为我国民办高等教育的发展奠定了基础。1982年修订的《中华人民共和国宪法》第十九条规定："国家鼓励集体经济组织、国家企业事业组织和其他社会力量按照法律规定举办各种教育事业。"这一规定的出台为民办高等教育的发展提供了法律上的依据。但是起步晚，底子薄，没有建立相应的管理措施，不被社会大众所认可，等等，这些都是民办高等教育在这一阶段面临的问题。虽然发展缓慢，但是它前行的道路是无法阻挡的。

第二个阶段，1992年到1996年，民办学历教育开始出现，民办的高等非学历教育，包括自学助考以及学历文凭考试都在迅速地增长。1993年，国家教育行政主管部门颁布了《民办高校设置暂行规定》，明确了民办普通高校的设置条件和程序，为规范民办高校提供了新的依据。1999年，高等教育扩大招生规模，民办高等教育发挥了重大的作用，并且得到了不断的完善。

第三个阶段，从1997年到2003年，民办教育进入了相对规范的发展时期，民办高等教育开始形成了一个相对稳定的格局，也就是少数具有独立颁发学历文凭资格的学校和大量的高等教育的文凭试点学校、高校自学助考的学校以及其他的高等教育等培训机构并存的格局。

第四个阶段，从2003年到现在，随着《中华人民共和国民办教育促进法》的实施，我国民办高等教育开始进入依法发展的时期。2004年《中华人民共和国民办教育促进法实施条例》的出台，标志着我国民办高等教育进入了依法办学、依法管理的新阶段。这些政策法规的出台为相关部门的管理提供了有效的依据，引导着民办高等教育机构高效率地运作。特别是2005年15所民办高校经教育部批准升格为本科院校，标志着民办高校在办学水平上有了质的飞跃，民办高校已经成为我国高等教育的重要组成部分。

二、贵州第一所民办高校诞生

民办高校指的是企事业单位、社会团体及其他社会组织和公民个人利用非国家财政性教育经费，面向社会举办的高等学校及其他教育机构，其办学层次分专科和本科。改革开放后所诞生的第一批民办高校，其创办者的动机往往是非功利性的。改革开放早期，我国高等教育的供给十分稀少，能够有机会进入大学就读的学生比例很低。一些退休的老干部和老教师，希望通过创办民办大学为社会青年提供接受高等教育的机会，他们也希望以这种方式发挥自己的余热，奉献社会。我国改革开放后出现的第一批民办高校，其创办者大都出于这种动机。然而，贵州第一所民办高校的诞生却是源于创办者周鸿静先生在创办劳务输出公司过程中，发现贵州去的年轻人中，绝大多数是中小学毕业的农民工，由于他们没有文化，只能在一些劳动强度大、劳动环境差而收入却很低的岗位就业。1997年凯里军分区下属的国防学校有300多学生面临就业，就找到他的劳务公司。那个时期，沿海城市大量需要年轻人进厂工作，周鸿静先生很快就把这批学生安排妥当，军分区领导很是满意，并希望把国防学校交给他办，于是，他便当上了国防学校校长。正当学校办得红火的时候，1999年初，军分区根据上级规定收回国防学校，于是他萌生了自己创办学校的想法。经过一年多的准备和申报，2001年4月16日，省政府正式下文，批准成立贵州鸿源工程管理职业学院，第一所民办高校在黔中大地上诞生了！

第二节　三次异地办学困难重重

办学之初十分艰难，学生规模不足100人，全靠租赁校舍办学，没有专职的教师队伍，没有像样的教学仪器设备，办学过程几经迁徙。

学校是2001年在贵州省凯里市成立的，当时只是租借凯里市军分区一栋闲置的房屋做教室和办公区，学生住的是原来军分区堆放煤炭的煤棚，条件十分艰苦。2002年经军分区同意，在原来场地基础上，修建了运动场，自建了一栋两层楼房做教学楼，拓宽了办学条件，但是，随着学生规模达到800多人，现有条件已经不能满足教育教学需要。于是，2003年学院迁徙一部分学生到贵阳龙洞堡（原贵州民族学院旧址），不久，贵州社会主义学院要在贵州民族学院旧址办学，不得已2004年学院又搬迁到贵阳农校。直到2005年学校租赁贵阳矿灯厂闲置的120亩土地（30年的租期），边建设、边办学。从此学校才有了安身之地。虽然校舍几经易地，办学条件十分艰难，但城市学院始终不变的是艰苦奋斗、锐意进取、自强不息和敢为人先的精神。正是这种精神激励城院人与时俱进、不断创新，使民办高校这棵幼苗在黔中大地上生根开花。

第三节　两次更名推动学院发展

一、高校更名发展历程

学校改名是学校在发展改革中的一种体现。纵观大学更名历程，尽管中国有大学的历史不长，只有一百年出头，但就在这不长的历史中，中国大学从未停止过更名。据相关统计，在全国近2000所公办高校中，过去20年，有将近一半改过名字。

先是在20世纪初，一些旧式学堂变为高等学府，如上海圣约翰书院改名圣约翰大学，成为中国第一所现代大学，而京师大学堂也在那时改名燕京大学。

辛亥革命后，各地又纷纷掀起了高等师范学院更名为某某大学的运动，武昌师范学院改名武汉大学，成都师范学院改名四川大学，只有北京高等师范学院坚持传统，改名北京师范大学。

抗日战争时期，各地大学内迁，不少学校在战争中合并而改名，最著名的就是由清华大学、北平大学和南开大学组成的西南联合大学。

1949年之后，中共开始接受和改造旧的国立大学，私立大学也改造为公立大学。如国立中央大学更名为南京大学、国立中正大学更名为南昌大学、辅仁大学改称国立辅仁大学等。

1952年院系调整，学习苏联单科大学模式，中国几所名校的一些院系被拆出来单独成立大学，最著名的就是北京的"八大学院"，这也开启了"地名＋学科"命名大学的模式。30年之后，中国高校再一次大规模改名，这次改名基本都是由"学院"升格为"大学"，典型的就是当年"八大学院"的更名模式：北京政法学院更名为中国政法大学、北京农业学院更名为中国农业大学等。

1993年，国家教委决定设置"211工程"，由此引发了中国大学界的一次大洗牌和一场巨大的改名风潮，很多学校竞相进行兼并联合。例如，1994年，四川大学和成都科技大学合并，成立"四川联合大学"，但这一新名字严重影响了招生质量，1998年，"四川联合大学"再度更名为"四川大学"。

2000年以来，中国众多二三线城市的高校纷纷改名。据2015年6月相关知名媒体统计，在过去6年的时间里，中国共有472所大学更名，占高校总数的23%。

二、中国高校更名的基本规律

中国的高校更名，主要有以下六种类型。

一是由学校、职业技术学院更名为学院，基本上是从专科升为本科的学校。

二是由学院更名为大学，包括一些很有名的学院，也觉得学院名字不"高大上"，希望更名为大学。如北京广播学院改名中国传媒大学、北京钢铁学院改名北京科技大学。

三是独立学院和母体学校脱钩，独立成为民办学校更名。

四是学校想摆脱某些传统行业形象，有一个时髦的校名，流行的有"铁道"改"交通""水产"改"海洋""地质"改"工程""钢铁"改"科技"……就算以前没有冷门词汇的，也要往热门词汇上贴，如财经、经济、理工等。

步子迈得最大的就是在20世纪90年代中期河北地质学院更名为石家庄经济学院，这被民间评价为跨越难度最大、最不沾边也是最唬人的改名。

五是向更大的地名靠拢。以市为名的高校改成以省为名，如岳阳师范学院更名湖南理工学院；就算不能以省为名，也至少得改成半个省，比如烟台师范学院改名为鲁东大学；乃至试图以大区为名，无法以大区为名则以大区变体为名，如河北联合大学更名华北理工大学，吉林师范学院等校合并后更名华北大学。

绝大多数国人想当然地认为"学院"就是比"大学"差，地市级地方名字打头的高校就是比省级地方名字打头的高校差，师范类高校比综合性高校差。于是我们就看到了许多高校都在想方设法"去地方"色彩，而且还想方设法"去学院"色彩。

六是有一些民办大学会尽力抹去民办的影子。如江西蓝天学院2012年更名为江西科技学院、泉州泰山航海职业学院2013年更名为泉州海洋职业学院。

三、更名的现实原因

1. 有利于招生

中国社会舆论存在着"以名识校"的问题，一所高校，从学院更名大学，办学质量并没有变，可当年的招生就可能提高录取分数好几十分。例如，原武汉纺织工学院1999年在湖北招收理科生352人，第一志愿填报仅148人，达到分数线的才37人，但在更名武汉科技学院之后，生源则逐年攀升，分数线也是节节升高。一些热门沿海城市的普通大学更换了"高大上"的名字，虽然在本地仍然没有什么吸引力，可是到了外地，一所二本学校的录取分数线比一本学校的录取分数线还要高出许多。

2. 获得更多资源

中国当前对高校的评价，还主要是行政评价，而行政评价，存在把大学、学院、学校分为不同层次、等级的问题，通常，如果学院更名为大学，专科升格为本科，就可以获得地方政府更多的投入。

职业技术学院在资金投入、专业建设、实验设备、师资力量上的确和综合性大学存在差异。学院升为综合性大学，平台更大，可以设立硕士点、博士点，获得的资源更多，名誉、声誉、影响力、办学层次可能都会获得提升。

3. 有利于学生就业

在唯学历人盛行的职场上，用人单位对于应聘者的简历，第一眼关注的必定是简历上的校名。看到名校学生，就会详细加以询问，看到不入流的校名，常常就是直接拒绝。某些用人单位一听"师范"就会问你怎么不当老师，一听"大学"就觉得比"学院"好，这种状况也是众多冷门院校、不知名院校煞费苦心要改名的原因，目的也是为了方便本校毕业生就业。

四、贵州城市职业学院更名成功

为了学校更快的发展，也是基于现实的原因，贵州城市职业学院曾经两次更名。2005年在搬迁至花溪区老校区时便由贵州鸿源工程管理职业学院更名为贵州亚泰职业学院，2014年学院搬迁至大学城新校区时又更名为贵州城市职业学院。

根据学院发展的需要，经董事会研究决定，2013年正式向教育厅和省政府提出申请，将贵州亚泰职业学院更名为贵州城市职业学院的请示。2014年3月15日，贵州省人民政府下达《关于贵州亚泰职业学院更名为贵州城市学院的批复》（黔教呈〔2014〕55号）的文件，同意贵州亚泰职业学院更名为贵州城市职业学院。

学院更名的成功，标志着学院的发展进入了一个崭新的阶段，学院从此步入了发展的快车道。更名当年招生规模创造了历史最好水平，实现招生5080人，近两年招生规模都超过5000人，在校生人数已达到18000人，成为万人规模的大学，规模效益明显提高，从而促进了新校区建设的快速发展。截止到2015年，新校区实现征地900亩，建筑面积20万平方米，教育教学设施明显改善。与此同时，也带动了教育教学质量的提升，学院不仅在全省技能大赛中获奖总数位居第一，实现了"六连冠"，而且在参加全国建筑技能大赛中获得一项冠军、3个二等奖和4个三等奖的好成绩，标志着办学质量和教学水平的进一步提高，为实现升本目标奠定了良好的基础。

根据学院十三·五发展规划，学院将继续建设第二期工程，按"总体规划、分期建设、逐步完善"的建设思路，多渠道筹措资金，加快新校区建设进度，不断完善教学、生活条件；积极争取贵安新区政府支持，完成大学城校区征地拆迁和土地使用证的办证工作。到2020年，学院将全部完成大学城新校区建设工程，建筑面积49.92万平方米，建成教学综合楼、科研综合楼、学术交流中心、实训大楼、艺术馆、校历馆等单体建筑达35个，从根本上改善学校的办学条件。

更名是学校战略发展的需要，学校更名不仅仅是名称的变化，更重要的是办学理念的进一步梳理，按照现代化的理念管理现代化的大学。更名也是全面提高学校人才培养层次、质量、水平及学校管理能力和效益，全面提升学校学科建设水平和科研创新能力及学校的社会影响力、美誉度、社会竞争力的重大之举。学校要以更名大学工作为抓手，全面推进高水平大学建设。

第二章　呕心沥血推进校园建设

我国的民办高等教育是伴随着改革开放而成长壮大的。据统计，截至2016年年底，中国民办高校数量742所，本专科在校生616.20万人。我国民办高等教育已经成为我国高等教育中的重要力量。

第一节　机遇与情怀成就传奇人生

"没有几十年的改革开放，就没有中国的民办教育，更没有中国的民办高等教育"，这是西安翻译学院创办人丁祖诒老先生在一次座谈会上发出的感慨。的确，是中国改革开放政策为民办高校发展提供了机遇，可以说，中国民办高等教育所取得的成绩就是改革开放的重要成果。

贵州第一所民办高校的创办者周鸿静董事长，2008年被评为"贵州省改革开放30年最具影响力人物"；2011年被评为"中国民办高等教育先进个人"，同时，他所创办的贵州城市学院也被评为"中国优秀民办高校"；2012年获得省政府批准进入花溪大学城建设新校区，拥有1500亩土地，建筑面积达到30余万平方米，在校生达16700多人。如此的光辉业绩令人叹服和赞赏。这些光环的背后凝练了创办人的智慧和胆识，也渗透了创业者的艰辛和痛苦。这些风风光光的成就，不仅展现了改革开放浪潮中这些弄潮儿的风采，也就铸了他们不平凡的人生传奇经历。

周鸿静，侗族，生于1964年12月12日，系贵州省天柱县渡马乡龙盘村人。2001年4月，他倾其所有在凯里市创建贵州省第一所民办高校——贵州鸿源工程管理职业学院。创办之初，学生不足100人，全靠租赁校舍办学，没有专职教师队伍，没有像样的教学仪器设备，办学几多艰难。2004年搬迁到贵阳市花溪区，租赁了贵阳矿灯厂的闲置土地建校办学，投资1.2亿元，边建设、边发展，并更名为贵州亚泰职业学院。然而，2009年教育部出台了《25号令》，要求学校必须拥有自己的"土地证"和"房产证"。由于学校是租赁矿灯厂的闲置土地建校的，没有土地证，近10万平方米的房产也无法过户，教育部当年给予学校"黄牌警告"，严重影响了学校的招生和办学。2010年学校不得不向各级政府申请土地建设新校区。2011年12月省政府438号文件正式批准学校进入花溪大学城建设新校区，2012年7月新校区开工典礼在大学城隆重举行。建设一年多后在2014年第一批学生2400余人搬入新校区，并更名为贵州城市职业学院。虽然学校几经易地，校名两次变更，但是，学校艰苦奋斗、锐意进取、自强不息、改革创新和敢为人先的精神始终不变。这些年来，在省委省政府的关怀下，在省教育厅的支持和帮助下，学校步入了快速发展的轨道，取得了世人瞩目的成就。当然，学校的建设和发展与带头人的胆识和魄力密不可分。据周鸿静董事长讲，建设花溪校区的时候，他拥有的资金不足200万元，而建设大学城新校区时也只有2000万元。近10年来，不仅投入一个多亿建成了老校区，而现在又投入了近8亿元建设新校区，这其中的成功奥秘、智慧操盘以及艰难辛劳甚至是痛苦失望都值得我们去探寻和追索。正是基于此，希望能通过他的事迹、特别是他的坚忍精神和做事态度来启迪和鞭策那些有梦想的人们，正如宋代诗人苏东坡所言"博观而约取，厚积而薄发"。

第二节　胆识与气魄决定事业格局

历史上成就大事的人不少，对于能成大事的人来说，不同的时代有不同的因素和准则。但是，从总体情况来看，他们之所以能成大事绝不是偶然的，他们身上有很多相通或相似的地方。他们能成大事也不只是建立在某个特定要素的基础上，而是很多要素的综合。首先，要想成就大事，一定要自信、强势，胆识过人，具备果敢的决断魄力。回顾周鸿静的创业历程，他的胆识与气度是一般人无可比拟的。为了学院的长远发展，当时分管的省领导希望学校搬迁到贵阳。因此，周鸿静先生果断决定把学校从凯里搬迁到贵阳花溪。然而，学校搬迁并不是一件容易的事情，它意味着要寻找土地、引进资金建设校舍。为了寻找一个适合办学的土地，周鸿静先生几乎跑遍了贵阳地区的金阳、白云、小河、乌当、云岩、花溪、清镇等地，最后找到了地处花溪区的贵阳矿灯厂。该厂因市场原因举步维艰，部分土地常年闲置荒芜，于是，他耐心向厂方动之以情，晓之以理。最终厂方同意城市学院租赁其土地30年建校办学。办好了所有的租赁手续，建设资金就成为突出问题。这个时候他拥有的资金不足200万元，而建校总投入资金需要1.6亿元，且每年土地租赁费用就是100万元，加上学校运行费用在300万元以上，可见压力多大，没有一定的胆识是不可能下这个决心的。

第一期工程开工建设投入了自筹资金3400万元后，后续资金的融资使他寝食难安。为了这批建校资金，他绞尽脑汁，曾使他险些"羊入虎口"的故事至今仍鲜为人知。就在他为筹资陷入苦恼时，一位好心人告诉他，四川省某地某某人有一笔巨款，想寻求投资项目。这个消息让他高兴坏了，当天晚上就连夜出发。当他们一行两个人一天一夜没合眼匆匆赶到某某地见到"投资人"时，才知道上当受骗，不但没有融到资金，反被他们软禁和勒索，差点回不来了。经过与对方机智周旋，他们最终被解救，但被禁的这三天，成了他人生中永不磨灭的记忆。建校这些年，他为学校的事东奔西忙、呕心沥血，从来没有考虑为个人、家庭谋点什么。刚来贵阳时，只是在三桥租住一套20世纪70年代的两居室房子，且一住就是三年。校区建成后，他就干脆和家人住进了办公室，在外地求学的大女儿每次回来都得东挪西凑。尽管在筹资中吃尽了苦头，在建校过程中历尽艰辛，但他还是凭借坚强的毅力和信念走了过来，把学校办得红红火火。在一次媒体采访中，当记者问他为什么这样坚定办学信念时，他坦言："创办城市学院时我只有200万元，创办过程也历经艰难险阻。如果我去搞房地产开发，今天可能已经是个大富翁了。但是，我在搞劳务公司时，我们贵州输送出去打工的年轻人，几乎都是小学或初中文化程度，干的岗位都是很笨重的活，工资又拿得少，其根本原因就是受教育程度偏低。因此，创办贵州第一所民办高等职业学院，为贵州平民教育搭建一个平台，让更多的贫困孩子能上大学，并能学有一技之长，为贵州本土培养经济建设人才，也是为贵州提高国民素质做出贡献，以这样一种方式报效国家，才是我的精神追求和人生信仰。"截至2017年年底，学校已累计为社会输送20000余名合格人才，为社会经济建设做出了重大的贡献。

要想成就大事，还要有气魄，聪慧，善结人缘，以及有勇于创新的能力等。2010年花溪校区建设完成，拥有8万多平方米的校舍和3000多万的教学仪器设备，基本具备了办学条件。然而，根据教育部2008年25号令，学校必须拥有土地证和房产证。由于学校是租赁土地建校的，不仅没有土地证，而且所有房产都无法过户在学校名下，导致2009年被教育部亮了黄牌，迫使他进行第二次创业，重新选址建设新校区。经过逐级申报，费尽九牛二虎之力，终于在2012年12月，贵州省人民政府483号文件同意学校进入大学城建设新校区。

可是，学校刚刚还完建设花溪校区的债务，并没有什么积累。建设新校区的资金从哪里来，1500亩土地的征拆需要钱，49万平方米的校舍需要15亿多元，购买教学仪器设备需要8000万元，所有这些都使他面临艰难的决策。如果决策失误，把大量的资金投入建设新校区，维系老校区将非常困难，一旦资金链发生断裂，后果不可想象，那时候他不仅失去了办学资格，还将成为名副其实的亿万"负翁"。有许多朋友和好心人劝他不要盲目冒进，或者就到贵阳市清镇的职教城买200亩土地建设新校区，但是，他过人的胆识和气魄再次超乎人们的想象。2012年7月22日，在没有一寸土地的情况下，他决定举行开工典礼。很多人为此捏了一把汗，因为距离开工典礼的时间只有4天，而且没有开工典礼的场地。可是，就在这短短的4天内，他毅然决定举行开工典礼。于是，一方面，租用贵阳市城投公司正在修建的收费站作为开会场地，并加班加点现平场地和修筑一条3千米的简易道路，另一方面，现搭台和制作喷绘背景，全体动员、群策群力，一直干到典礼当日凌晨5点才把奠基纪念碑放进坑内。2012年7月22日9时开工典礼如期进行，并且开工典礼的规模和形式比大学城所有的学校都风光，到场的有4个副省级领导，各个厅局和贵阳市、花溪区的领导和来宾共计300多人，常务副省长和教育厅厅长亲临现场并在开工典礼上做了重要讲话，开创了贵州城市学院发展新局面，可见民办院校的工作效率是多么令人不可思议！

第三节　知识与智慧铸就事业走向辉煌

翻开那些描写成功或者失败人生的各类书籍，都有各种各样富有哲理性的话：知识改变命运、智慧创造财富、读书改变性格、性格决定格局、格局决定结局、细节决定成败、思路决定出路、高度决定深度、态度决定一切……这些话也在周鸿静董事长人生的道路上或多或少地有所体现。

知识是智慧的源泉，这是一条颠扑不破的真理。周鸿静先生深知读书的重要性。他一步一个脚印，硬是从大专、本科、硕士一个堡垒一个堡垒地攻破，最后在他知天命那一年拿到博士学位。俗话说："有志者，事竟成。"所谓志，就是指一个人为自己建立的"远大志向"，即奋斗目标。人只要有奋斗目标，就会有前进的动力，没有人生目标，就会迷失前进的方向。他在学习上的成功，不仅铸就事业的辉煌，也完全改变了他过去的暴躁脾气，讲话变得有理有节，讲话的水平明显提高，思考问题也更具有前瞻性。

新校区建设之初，有人劝他到清镇职教城征个两三百亩土地建设算了，负担也不重，可以循序渐进地发展。但是，他坚持己见，一定要到花溪区大学城建设新校区。这既是远见卓识，更是长远目标，

他经常感慨地说，这一辈子有两件事是自己的追求目标：一是建设一所完整、美丽的校园，二是让学校升格为本科大学，并打造成为贵州一流、西南有影响力、全国知名的品牌大学。因此，新校区在建设初期，就是按照高大尚的标准和升本的要求进行设计和建设的，例如，长100米、高15米，建筑面积1100余平方米的大门是所有大学城高校中最大、最高的大门，气魄雄伟、气势磅礴，而拥有5万多平方米的综合大楼也是大学城里体方量最大的大楼，巍然耸立，气势恢宏。从2013年开始征地、拆迁和建设，到2014年9月第一批学生2400人入住，再到2017年年底，学院已经征拆土地900多亩，完成建筑面积近30万平方米，拥有多媒体教室、实训室、一站式服务中心、就业指导服务中心、图书馆、足球场、篮球场、食堂、超市等。满足了16000学生的教学与生活。加上老校区160亩土地，12万平方米校舍以及实训大楼、食堂、足球场等设施设备，可容纳6000余名学生，使全校在校生规模达到了18000余人。实践证明，学校的区位优势对学校的发展，尤其是对招生具有明显的作用。大学城里聚集了贵州师范大学、贵州财经大学、贵州医科大学等

10多所著名大学，不仅使学院在发展中共享许多教学资源，也吸引了广大青年学生向往大学城。

当然，近年来学生规模的迅速扩大，还有一个重要的因素，就是更名成功。根据学院发展的需要，2013年底他毅然决定，正式向教育厅和省政府提出申请，将贵州亚泰职业学院更名为贵州城市职业学院。2014年3月15日，贵州省人民政府下达《关于贵州亚泰职业学院更名为贵州城市学院的批复》（黔教呈〔2014〕55号）的文件，同意贵州亚泰职业学院更名为贵州城市职业学院。学院从此步入了发展的快车道。

一、新校区建设开工典礼

省委常委、副省长刘晓凯表示学院自2001年成立以来，坚持学历教育与职业技能培养并重，积极探索办学渠道，形成了自己的办学特色，在办学水平、办学规模等方面取得了一定的成绩，为贵州社会经济发展培养了许多优秀人才，做出重大贡献。希望学院抓住机遇，乘建设新校区的东风，充分发挥学院各种资源优势，在教育、科研和社会服务等方面获得更大的长足发展。

省教育厅厅长霍健康希望贵州亚泰职业学院秉承"快速、安全、质量、节俭、廉洁"的十字方针，争取早日建成、早日入驻。区委书记向虹翔表示，花溪区将一如既往地支持贵州亚泰职业学院的发展建设，努力营造良好的发展氛围，提供优质服务，协力推进学院更好更快发展。

　　仪式上，学院周鸿静董事长表示学院新校区开工是贵州亚泰职业学院发展上的一个里程碑，标志着学院将从此跨入一个新的发展阶段。

　　他表示，学院将按照省委、省政府提出的要求，坚持规范化、集团化和科学化管理，全方位加强内涵建设，努力创造条件办成贵州省第一所职业本科大学，同时，学院不断探索校企合作、工学结合、定点培养的职业教育发展途径，依靠大学城优势教育资源，致力把学院打造成为专业结构合理、教学管理规范、育人环境优美、特色鲜明的省级示范高等院校，为促进区域经济发展、服务贵州社会经济事业做出应有贡献。

开工典礼签约仪式

校区奠基破土仪式

施工现场

　　开工现场鞭炮齐响，礼花齐飞，大型挖掘机在响彻云霄的炮竹声中迅速将土壤和岩石挖掘开来，在场的所有人顿时鼓起热烈的掌声。董事长周鸿静宣布："从今天起，贵州亚泰职业学院大学城新校区建设项目施工将正式启动。未来，学院的发展会站在更高的起点上迎来一个崭新的、灿烂的明天。"

花溪大学城建设指挥部夏明枢副指挥长在现场指挥

学院根据贵阳市规划局规划的红线图——总用地面积677亩，在新校区建设工程上严格把关，科学统筹，逐步推进，土地征迁过程中得到了党武乡人民政府、翁岗村村委会和村民们的大力支持，确保了施工队伍的顺利进场。

学院开挖了三个月的三座大山

新校区建设开工现场

二、领导关怀

（一）省委常委、副省长秦如培到学院新校区调研指导工作

2015年8月23日上午，贵州省委常委、副省长、政法委书记、贵安新区党工委书记秦如培在贵安新区党工委委员、管委会副主任王春雷，贵安新区大学城社区管理服务中心管委会主任夏明枢等领导的陪同下，对学院正在紧张施工的新校区开展工作调研，进行现场办公，解决实际问题，学院董事长周鸿静、校长蒙永福，万好教育集团总经理周乐凯等陪同调研。

秦如培副省长一直非常关心和支持学院新校区的建设。调研途中，他专程到新校区进行了实地察看，听取周鸿静董事长关于新校区建设的汇报，并与有关负责同志和一线建设者进行亲切交谈，了解新校区的设计理念、建设规模、功能分区和办学模式等情况。他强调，贵州城市职业学院要发挥自身优势，开拓创新，进一步提高教育教学质量，培育更多对国家有用的人才，为服务地方经济社会发展、促进贵州省教育事业进步做出新贡献。

在调研中，秦如培副省长指示贵安新区要对贵州城市职业学院目前所遇到的问题给予重视，克服困难，抓紧落实。周董事长表示要求学校各有关部门尽职尽责，加快推进新校区公共基础设施、公共服务、公共管理等方面的工作，为师生入住营造良好的环境；要加强统筹协调，在建设和验收方面坚持高标准、严要求，按照时间节点如期完成任务；要依法合规推进各项工作，确保师生安全、顺利入住；同时对工程建设过程中遇到的问题进行认真研究分析，科学处理，积极应对，保证圆满完成既定目标。

（二）陈鸣明副省长两次莅临新校区视察

2013年，陈鸣明副省长在贵安新区大学城社区服务中心党委主任夏明枢等陪同下莅临学院大学城新校区建设工地指导工作，校长蒙永福、党委书记王善怡到现场迎接了陈副省长等领导一行。

2014年6月6日上午，陈鸣明副省长在贵安新区大学城社区服务中心管委会主任夏明枢等陪同下再次莅临学院大学城新校区建设工地指导工作，校长蒙永福、党委书记王善怡到现场迎接了陈副省长等领导一行。

（三）霍健康厅长莅临学院视察工作

2015年10月22日上午，省教育厅厅长霍健康、民教处处长宋黔萍、发展规划处处长吴作然等领导莅临学院视察工作，学院董事长周鸿静、书记王时芬、校长蒙永福、纪委书记王善怡、副校长袁红兰、老校区执行校长董华群、新校区执行校长付盛忠、副校长余宏及各二级学院院长陪同参观。

三、校园风光

教学科研行政楼

学术交流中心

足球场

数字化图书馆

实训楼

多功能教学楼

学生公寓楼

教师公寓楼

艺术楼

第六学生食堂

第三章　探索办学新理念新路径

第一节　遵循规律探索高职院校办学定位

根据国家教育部16号文件精神，学院高度重视教育思想观念的先导作用，通过各项措施加强对教职工的培训，不断更新教育思想观念，树立了创新意识、质量意识和特色意识，为学院的健康发展和培养高素质技能型人才奠定了良好的思想基础。

在办学实践中，学院坚持"以服务为宗旨，以就业为导向"，走"校企合作、产教融合、工学结合"发展道路的办学指导思想，并逐步凝练形成了"质量立校、特色兴校、创新强校、依法治校"的办学定位和"就业导向、能力本位、面向一线、服务地方"的办学宗旨。

（1）办学指导思想：坚持党的教育方针，以育人为根本，以就业为导向，以服务社会为宗旨，充分挖掘社会资源，不断探索办学路径，凝练办学特色，推进科学发展，构建和谐校园，实现可持续发展。

（2）办学发展定位：坚持高等职业技术教育方向，立足贵州、面向西南、走向全国；以人为本，实行"教、学、做"三位一体的人才培养模式；面向生产建设和管理服务第一线，为区域经济社会发展培养"德技双馨"的高素质高技能应用型人才；把学院建设成为规模适度、结构合理、特色鲜明、优势突出的综合性应用型民办大学。

（3）学校发展定位：以工为主，经、管、文、医协调发展、互为支撑且特色鲜明的多学科、应用型的民办职业大学。

（4）办学层次的定位：高举高等职业技术教育旗帜，坚持高等职业技术教育方向，形成本科、高职、中职教育的学历教育体系。

（5）办学宗旨定位：最大限度地满足社会对高职教育多样化的需求，最大程度地满足学生求知、求技、求职等多方面的需要，向社会提供优质的教育服务；不忘初心，教育为民。

（6）办学模式定位：实现校企合作，工学结合，产教融合，理论与实践结合。校企合作、工学结合、产教融合是实施"教学质量提升工程"的重要路径。学院根据校企合作需要，增设了校企合作处，负责对学院校企合作的情况进行信息收集、整理、统计、分析，提出建议和校企合作决策咨询，联系具有一定规模和实力的企业或相关单位，签订《校企合作办学意向书》或《协议书》，与合作办学企业进行项目规划、组织实施、项目管理和日常管理，组织学生到合作企业就业顶岗实习等。同时，制作"企业联盟"墙，以展示学校的办学特色。

总之，围绕教学中心地位，学院董事会及行政、党委每学年都定期或不定期召开会议，讨论教学工作，研究解决教学建设、教学改革等方面的重大问题。在办学经费方面，学院把改善办学条件放在突出位置，经费支出向教学倾斜力度大，每年投入教学经费均占学费收入的60%以上。与此同时，学院坚持把管理育人、服务育人作为工作重点，明确"型塑校风、教风、学风"实施纲要，推行"办公承诺制"，强化职能部门自觉、主动为教学服务意识，使"一切服务于教学，一切服从于教学"成为一种自觉行为，形成了一切为教学的良好氛围。

第二节 与时俱进创新城市学院发展新理念

城市学院的创立与发展与城市的发展变化息息相关。城市是具有完整而先进的社会、经济、文化功能的区域和基本社会单元，具有完备的基础设施和社会保障与支持系统，有着独特的文化和资源优势。因此，研究城市发展理念和发展方向对城市院校的发展至关重要。为此，周鸿静博士在《贵州城市职业学院学报》上撰写了"城市学院创新发展的战略思考"的文章，明确提出了城市学院肩负的历史使命、城市学院的发展理念和发展方向，从而在新时代条件下为贵州城市学院未来的发展明确了新定位、创设了新理念以及探索了新路径。

一、城市学院肩负的历史使命

从20世纪末到21世纪初，全球化正在以不可逆转的趋势，推动世界经济、政治和社会发生重大变革，世界发展进入新格局。在这一背景下，国际形势趋于缓和，国际交往频繁，经济资源在全球范围内优化配置和高效流动，科学技术和文化创新空前活跃，国际共享程度进一步增强，国家发展与竞争向纵深推进，城市地位和作用日益凸显。这些新变化引发了新一轮城市革命的蓬勃兴起，城市发展模式不断创新，城市民主化、现代化和国际化步伐加快，城市在世界发展进程中扮演的角色越来越重要，并已经成为推动世界发展的巨大力量。中国加入世界贸易组织（WTO），使古老的中华民族真正步入全球化发展的轨道。与此同时，中国经历了多年的持续、快速发展之后，迫切需要大量的城市建设与城市发展的人才，于是，城市学院呼之欲出，北京城市学院是新中国第一所具有颁发国家承认学历资格的城市大学，之后在全国相继成立了大专层次和本科层次的20余所城市学院，在校生规模近30万人，为中国城市发展提供了强有力的人才支撑。

"城市，让生活更美好"，这是中国2010年世博会的口号，也成了全体城市人的骄傲和"城市梦"的理由，城市学院成立的初衷和历史使命，就是要让向往城市美好生活的人们，通过接受教育实现美好人生的梦想。

二、城市学院的发展理念

城市学院发展理念必须是构建在城市发展理念基础上的。在中国社会主义现代化建设进程中，城市作为经济、政治和文化中心，在社会发展中起着主导作用。城市在社会主义市场经济建立和现代化事业建设中占有举足轻重的地位。根据相关资料显示，城市集中了23%的国民生产总值、34%的工业总产值和外资利用额度。另外，城市还集中了绝大多数的高等院校和科研单位，为国家培养了大批专业人才和科技人才，从而加快了科技产业的步伐。这些充分表明城市是经济和社会发展的主要动力源，是社会主义现代化建设的龙头，没有城市的发展，没有城市的现代化，就没有国家的发展和现代化，城市的蓬勃发展必然会推动整个国家的现代化进程。因此，城市学院要紧紧围绕经营城市的发展理念，必须围绕城市地位、城市作用、城市功能和城市权力以及城市发展个性化、城市生活人性化、城市管理信息化、城市扩张多极化、城市文化多元化、城市产业服务化和城市乡村一体化等去构建、创新发展理念，紧紧围绕大学的人才培养、科学研究、社会服务、文化传承与创新这四大功能定位，不断创新理念，培养出更多、更好的应用型、技能型人才，为我国城市现代化建设做出更大的贡献。

三、城市学院的发展方向

1. 紧紧围绕经营城市的方向创新发展

在经济全球化的国际形势下，如何推动城市发展？这仍然是一个必须收入探讨的问题。社会主义经济条件下的城市发展不再单纯由政府来推动，而更多改由市场推动。我国已经加入 WTO，按照其规则，政府职能必须与国际接轨，实现从计划经济体制管理方式向市场经济体制管理方式转变。政府必须按照经营城市理念，把资产的投资和经营部分交由市场来完成，政府则专门从事城市发展、规划和城市资产的监督、管理，从而促进政企分离，有效地推动政府职能转变。可以认为，经营城市理念的提出是市场经济条件下城市发展的必然，是经济全球化对城市理念挑战所做出的准确选择，是突破城市建设的资金瓶颈、实现城市建设事业持续健康发展的重要思路。因此，城市学院必须紧紧围绕经营城市的方向创新发展，不断提升办学质量，为经营城市提供人才保证。

2. 紧紧围绕智慧城市的方向协同发展

伴随着新型城镇化和"互联网 +"双引擎驱动而来的，是全国范围内的智慧城市建设热潮。数据显示，目前我国已经有超过500个城市在进行智慧城市试点，计划投资规模超过万亿元。2015年的政府工作报告中明确提出要提升城镇规划建设水平，发展智慧城市。可以预见，智慧城市在我国必将迎来日益广阔的发展前景。

因此，在今后一段时间，城市学院的发展方向必须围绕智慧城市方面去思考如何培养人才。

第一，未来的智慧城市建设一定是走一条与城市产业融合发展的道路，以智慧城市建设带动产业升级，通过产业升级促进智慧城市建设向更高层次迈进。

第二，随着大数据时代的到来，信息和数据在智慧城市的建设和运营中扮演着越来越重要的角色。智慧城市在运营过程中，数据量会呈现爆发式增长，如城市交通数据、环境监测数据、行业数据、人口数据等，这些数据的应用和分析水平，直接决定了智慧城市的运营效率。今天，中国城市化浩浩荡荡，横扫华夏，亿万的劳动力正在向城市转移。城市成了美好生活的象征，成为亿万农民奔小康的首选之地，城市学院担负着培养和转化他们的重任。我们将不遗余力，不断加强内涵建设，努力提升办学质量和水平，为中国教育事业和城市发展做出更大的贡献。

第三节　研究民办高校创新治理实践新路径

为了探索民办高校创新治理新路径，2017年周鸿静董事长还撰写了30余万字的专著《新常态下民办高校创新治理研究》，由中国知识出版社出版发行。这一部力作即是他多年来从事民办高校工作的凝练和总结，也是新常态下民办高校创新治理研究的重要成果。全书共分为11章，每一章都有其丰富的内涵和深刻的论述。

第一章从哲学的角度阐述了格局、造势、人气三者对提升创新力的意义与作用，特别是对提升创新力的方法和途径提出了很有新意的"要攀爬的四个阶梯"，从而为下一步研究创新治理奠定了理论基础。同时，提出了"职业教育即创业教育"的新观点和"教育是一件民心工程"的价值定位，这样，就为民办高校创新治理研究这一重要课题做了很好的铺垫。

第二章主要是对国外和台湾等境外民办高校治理进行了分析和比较，为我们借鉴成功经验、参考管理亮点提供了翔实资料和研究方向。

第三章追溯了私学的创办历程和党的政策引导民办教育的复兴，彰显了民办教育发展的活力和强劲发展态势。尤其是就民办高校对社会的十大贡献的阐述很有说服力，对民办高校发展中存在的八大问题也很有见地。"功崇惟志，业广惟勤"，贵州城市学院的创办和辉煌正是依靠党的改革开放政策和城院人不懈的努力而取得的。

第四章主要论述了民办高校建立健全法人治理结构的重要性和基本原则，指出实行董事会领导下的院长负责制这种治理机制的必然性，特别是强调了民办高校党组织发挥政治核心作用，对民办高校发展的方向性和前瞻性至关重要。

第五章主要是围绕特色专业和课程建设进行阐述，并就城市学院人才培养特色模式的构建和选择进行了总结，书中介绍的学院部分课程实施的项目教学法很有启迪性。

第六章主要就建设有效机制、培养名师团队进行了论述。百年大计，教育为本，教育大计，教师为本。长期以来，困扰民办高校的一大难题就是教师问题，绝大多数院校的教师队伍呈现了年龄结构、职称结构的比例失调，年轻人多、流失也多，虽有少部分高级职称的退休教师，但中坚力量严重缺乏，从而直接影响了学校的均衡发展。作者注重这种问题的研究，说明他是从战略高度重视这个问题的，不愧是从事多年教育的真正专家。反思现状，扬帆才能远航。

第七章主要论述班主任的工作法则、教育职责、扮演角色和考评功能。学校的主要功能是培养人才，而班主任则是培育学生的第一线导师，因此，明确他们的工作法则、教育职责、扮演角色以及考评方法至关重要，作者的这些见解对培育正能量，提升他们的人格魅力和管理方法很有帮助。

第八章主要阐述国内外大学制度建设及制度创新问题。不以规矩，不成方圆，制度是指导和引领一个学校走向规范与和谐的关键，正所谓"法制天下，德润人心"。

第九章主要论述校园文化的巨大作用及贵州城市作用校园的特色校园文化。校园文化作为一种环境教育力量，对学生的健康成长有着巨大的影响。校园文化建设的终极目标就在于创设一种氛围，以期陶冶学生情操，构建学生健康人格，全面提高学生素质。因此，必须发挥校园文化的引领作用，构建特色的校园文化。

第十章主要阐述大学生就业与创业。大学生就业与创业不仅关乎他们的前途和命运，甚至关乎学生家庭的脱贫致富，也直接关系到学校的发展和评价。因此，论述新时期新常态下大学生就业与创业，分析大学生的职业认知、职业规划和人生价值，对进一步指导大学生就业与创业具有重要的现实意义。

第十一章主要分析政府对民办高校的管理与扶持问题。在民办高校发展过程中，政府主导作用不容忽视，政府管理协调不能缺位，因此，一方面政府要认真履责和抓好服务，并加大扶持力度；另一方面民办高校也不能完全依靠政府，要在政府的指导和帮助下，不断创新治理机制，不断强化"三大功能"，提升办学软实力和管理水平，为培养更好更多的高技能人才做出贡献。

第四节　积极推进大学治理体系与能力现代化

中国特色的现代大学治理体系是国家治理体系的组成部分，是建立在中国特色现代大学制度基础上的学校治理结构体系、治理制度体系与治理运行体系。完善大学治理体系、推进大学治理能力现代化，既是推进国家治理体系现代化的根本要求，也是深化高等教育综合改革、推动高等教育现代化的迫切需要。

民办高校治理是由治理目标和治理机制共同构成的一个整体。就当前而言，虽然我国明确提出了民办高校的治理目标，但民办高校治理机制还不太理想，主要表现在外部治理机制欠优化和内部治理机制不健全两方面。因此，为提高民办高校治理的有效性，加强民办高校的有效治理，既要从外部治理机制着手，明确政府角色定位、规范民办高等教育市场、培育社会中介组织、完善法律法规体系，也要完善内部治理机制，从增强董事会功能、打造职业化校长队伍、健全监督体系和完善大学章程等方面入手。《新常态下民办高校创新治理研究》一书的出版发行，为民办高校治理提供了良方新策。全书具有以下几个显著特点。

一是研究立论新颖，紧跟经济新常态的时代步伐。

"经济新常态"这一概念出现于2002年，主要用于描述西方发达国家从经济危机中缓慢恢复的过程。2014年，习近平总书记提出"中国经济新常态"的概念，向全世界宣布中国经济发展的新趋势，新思想。从这一概念提出以来，国内外经济报道围绕新常态的内涵、特征以及这一新语态对经济社会发展所产生的影响等各个方面进行了集中论述和广泛传播。新常态成为中国经济报道的主旋律,并将在今后较长的一段时期内引领经济报道的发展方向。

目前我国发展仍处于重要战略机遇期,我们要增强信心,从当前中国经济发展的阶段性特征出发,适应新常态,保持战略上的平常心态。

新常态是定义中国经济新阶段发展规律的核心词,对各行各业都具有广泛的指导性和实用性。对民办高校而言,从新常态的角度研究治理问题,不仅是紧跟经济新常态的时代步伐,也是新时期国家对民办高校治理的新要求。我们要从战略的高度科学认识新常态,从战术的态度主动适应新常态,从发展的角度积极引领新常态。所以,该书从立论上就很新颖,紧跟经济新常态的时代步伐,当然,其研究成果也就相应地具有前瞻性和时代性了。

二是研究主旨明确,以民办高校治理为研究对象。

以民办高校创新治理为研究对象,是该书研究的基本内容。从写作的角度看,其主旨是很明确的,从发展的角度看意义是很深刻的。我国民办高校经过30多年的发展,已经初步形成了具有中国特色的民办高校治理模式,新常态下如何选择民办高校的内部治理模式,已经成为学界对民办高校未来发展关注的重点。健全相关法律、完善民办高校章程、厘清民办高校内部治理程序以及规范民办高校内部治理规章,已成为新常态下我国民办高校内部治理模式的路径选择。该论著以贵州城市职业学院为例,深入地研究在新常态下民办高校如何治理提升的有关理论与实践问题。例如,在新常态下民办高校如何创新顶层设计,如何打造特色专业和课程,如何提高教师队伍整体素质,班主任的工作如何创新,制度如何引领民办高校走向和谐,如何创新具有特色的校园文化,大学毕业生如何就业创业,政府如何主导和引领民办高校健康发展,等等。正是作者写作目的非常明确,该著作才具有明确的目的性和明显的创新性。

三是研究视角独特,以内外部治理机制为研究内容。

我国民办高校的发展自新中国成立以来取得了很大的成就,但在其治理过程中仍存在一系列的问题,严重制约了民办高校的发展,而这在很大程度上是由民办高校内部治理结构缺失造成的。民办高校内部治理结构的研究日益得到国内外学者们的重视,主要研究成果集中在民办高校的外部环境改善、产权研究、内部治理结构安排、外国治理经验的借鉴等方面。而该书则从民办高校内外部治理机制方面进行研究，外部治理机制研究主要是强调政府对民办高校的主导、协调作用以及如何强化管理和加大扶持力度；本书从第四章至第十章都是研究内部治理机制问题，并用许多案例资料加以佐证，很有说服力。其研究视角具有独特性和建设性。

四是资料翔实，以城市学院实践创新为典型案例。

贵州城市职业学院创办至今已有17年，是周鸿静先生一手打造的贵州第一所民办高校，目前拥有1500余亩土地，学生规模16000余人，累计为社会毕业生提供23000余人，为贵州的教育事业做出了重大贡献。作者把创办者的亲身经历和学院发展的辉煌历程作为典型案例，引入到课题研究中，既佐证了论点，又丰富了内容，使这一研究成果有血有肉，很有高度，令人信服。

列夫·托尔斯泰曾说过："人生的价值，并不是用时间，而是用深度去衡量的。"周鸿静先生创办贵州城市学院，并取得了如此辉煌的成就，已经是很了不起的了，但是，他并没有满足于现状，而是孜孜不倦去追求更深层的东西，在知天命时获得了博士学位，现在又撰写这本具有影响力的专著，更是令人赞叹不已。他的不懈努力和奋斗以及超群的智慧和勇气是值得我们学习的，正如王阳明先生所言："立志者，为学之心也；为学者，立志之事也。"总之，《新常态下民办高校创新治理研究》一书的出版发行，充分体现了作者在贯彻落实习近平总书记在2016年7月1日讲话中强调的"道路自信、理论自信、制度自信、文化自信"的重要精神，开创了贵州城市学院科学研究的先河，为推动全校科研工作起到了示范带头作用，为升本目标奠定了良好的基础。

大学担负着人才培养、科学研究、社会服务和文化传承创新的重要功能。大学的有效治理，对于提高办学水平，弘扬中华优秀传统，引领先进思想文化，推动知识创造和科技创新，源源不断向社会输送优秀人才和原创性成果，具有重要意义。大学治理是大学管理的目标追求，大学治理应从宏观层面来切入，寻根源、建机制，从而提高大学的治理能力，改善大学治理状况，达到长远而根本的治理。因此，大学治理至少包括顶层设计、运行管理、质量控制和社会关系协调等环节。一是强化顶层设计。决策层要凝练办学理念，明确办学定位和办学特色，并以此为基础，对学科布局、人才培养模式、社会服务方向等问题做出有针对性的安排。二是改善运行管理。要推动执行层面提高执行力，提高管理水平和服务意识，增强危机预判和化解能力，增强整体协调统筹能力，从保障学校中心工作出发，保证日常行政、人事、财务和资产等管理正常运行。三是加强质量控制。要研究影响人才培养和科研产出质量的主要因素，针对具体问题，立足长远，结合国家经济社会发展战略，制定解决方案。四是协调社会关系。对社会普遍关注的问题，以及与社会直接发生利益关系的领域，要从珍视大学形象与声誉角度，查找和化解风险，妥善应对舆论危机，促进大学与社会关系的和谐。

第四章　建章立制规范办学行为

第一节　制定切合实际的学院章程

全面推进依法治校，首要问题是要建立以大学章程为核心的制度体系。为此，贵州城市职业学院依法制定了《贵州城市职业学院章程》（简称"章程"），全面梳理学校在教学、科研、干部人事、学生事务、后勤服务等各方面的制度规定。明确学校内部重大决策的合法性审查和决策责任追究制度及责任督查机制。

一、《贵州城市职业学院章程》的产生

章程，是组织、社团经特定的程序制定的关于组织规程和办事规则的规范性文书，是指组织的规程或办事条例，是一种根本性的规章制度。贵州城市职业学院是2001年经省政府批准成立，教育部备案纳入国家计划内统一招生录取的贵州省第一所民办全日制普通高校。为了保障学院依法自主办学，规范学院办学行为，学院根据《中华人民共和国教育法》《中华人民共和国高等教育法》《中华人民共和国民办教育促进法》《高等学校章程制定暂行办法》等法律、法规，制定《贵州城市职业学院章程》，该章程分为九章共九十六条。

二、《贵州城市职业学院章程》的主要内容

首先，《章程》明确了五个方面。

（1）明确了办学的指导思想。坚持社会主义办学方向，全面贯彻党和国

家的教育方针；以提高教育教学质量为中心，培养学生的社会责任感、创新精神和实践能力，促进学生全面发展；坚持"质量、结构、规模、效益"协调发展，把学院建设成特色鲜明的应用型高职高专院校。

（2）明确了办学定位：立足贵州，面向全国，服务区域经济社会发展、产业结构调整和城镇化建设；以建筑、医护、机电、管理类学科为主，多学科专业协调发展；培养面向生产、建设、管理、服务一线，具有社会责任感和创新精神、实践能力强的高素质应用型人才。

（3）明确了人才培养目标：学院坚持"德育为先、能力为本、全面发展"的育人理念，努力满足行业企业用人需求和学生的成人成才需求，面向生产、建设、管理和服务一线，培养高素质技术技能人才。

（4）明确了科学研究目的：学院实施创新驱动战略，鼓励和支持师生员工开展科学与技术研究；积极构筑学术交流和合作研究机制，鼓励、支持教师跨专业、跨学校、跨行业协同开展科技项目研究，相互学习，协同创新，实现智慧、技术和资源共享；建立科学与技术研究工作管理与评价制度，加强学术道德建设，规范学术行为，倡导学术诚信。

（5）明确了校训：求慧至真　笃行超越；校风：做人诚信　做事守法；教风：言传身教　博学善诱；学风：乐学好思　明理强技。

其次，《章程》理顺了内部治理结构。

（1）明确董事长为学院的法定代表人。董事会是学院的最高决策机构，行使相应职权与职责。

（2）规定了董事会的人员组成、议事规则、监事会职责等。

（3）学院实行董事会领导下的院长负责制，并明确院长在董事会的领导下，依法独立行使教育教学和行政管理职权。

（4）学院建立党委与董事会或者理事会的协商沟通机制，与学院行政管理机构的联席会议制度。党委对学院的发展规划、人事安排、财务预算、基本建设、招生收费等重大事项，提出意见建议，参与研究讨论。

（5）学院工会是学院党委和上级工会组织领导下的教职工自愿参加的群众组织，按照《中华人民共和国工会法》和《中国工会章程》开展工作，履行工会职责。

（6）教职工代表大会是教职工依法参与学院民主管理和监督的重要形式。

《章程》明确了教职工代表大会行使的职权。

再次，《章程》规定了内部管理体制机制。

（1）学院根据专业建设和人才培养的需要，由院长办公会和党委会研究决定，设置和调整二级学院（部）。二级学院（部）是学院实施人才培养、科学研究、服务社会和文化传承创新等活动的实体单位，在学院授权范围内实行自主管理。

（2）学院对教职工实行全员聘用制度，竞聘上岗、按岗聘用、合同管理。新聘用教职工应当面向全社会公开招聘。学院以"统筹规划、分类指导、两级管理"为原则，以"师德高尚、业务精通、专业发展"为目标，强化教职员工队伍建设。

（3）学生是指被学院依法依规录取，取得入学资格，具有学院学籍的受教育者。学生是学院办学的受益权人。《章程》规定了学生应享有的权利和义务。

（4）学院对举办者投入形成的资产、受赠的资产以及办学积累，享有法人财产权。学院存续期间，所有资产由学院依法管理和使用。任何组织和个人不得截留、挪用或侵占。

（5）学院以"以人为本、科学管理、保障有力、师生满意"为宗旨，建设后勤管理、后勤服务运行机制，提高管理效益，提升服务水平。

（6）学院的分立、合并，在进行财务清算后，由董事会报审批机关批准，办理变更登记手续。学院举办者的变更，须由举办者提出，在进行财务清算后，经学院董事会同意，报审批机关核准后实施。

最后，《章程》明确提出：《贵州城市职业学院章程》是学院办学的基本依据，具有最高的约束力，学院各种规章、制度应以此为准绳，不得与之相抵触。

第二节 构建制度体系，完善内部治理结构

一、制定完整的管理制度

从建校之初至今，贵州城市职业学院已经形成一套完整的管理制度，包括教学管理制度、学生管理制度、招生管理制度、就业管理制度、人事聘用制度、工资福利制度、财务管理制度、员工考勤制度、奖励与处罚制度、安

全管理制度等。这些制度每年都要根据形势发展与变化，针对员工提出的意见和建议适时进行修改，然后进行制度培训，最后由员工签字认可，才能付诸执行。

有制度不落实，比没有制度的危害还要大。执行是一个公司发展的原动力，落实是管理举措发挥效力的保障。从根本上说，管理的落脚点在于制度的执行，管理的最终效果体现在员工能否有效落实公司的各项规定。马云说："三流的点子加上一流的执行，强于一流的点子加上三流的执行。"他能够带领阿里巴巴一路狂奔，成为国内电商的巨头，离不开强大的执行力、落实力。从某种意义上说，执行任务、落实制度是一个创造价值、发现问题的过程。只有真抓实干，才能把规章制度当回事。星巴克、麦当劳的经营手段和管理制度早就公开于大庭广众之下，但没有一家同行公司能够与之争高下。原因就在于他们的员工能不折不扣地执行公司的制度。用制度管人，按规章办事，是许多公司成功的秘诀。但是，仅有科学合理的制度还不够，只有借助强大的执行力，抓好各项落实工作，才能建立竞争优势、创造商业奇迹，正所谓"制度打天下，落实定江山"。

日常管理中，影响制度落实的因素很多，比如责任缺失、领导无力、中层缺位、意识淡漠、拖延内耗等等，因此，尚须构建科学的配套的制度体系，不断增强执行力，才能立于不败之地。

二、构建科学的制度体系

首先是完善学院根本领导制度，保证科学民主决策。学院按照《贵州城市职业学院董事会章程》规定，修订完善了董事会、院务会的议事规则，探索明晰了董事会和院长科学有效行使职权、履行职责的机制和方式，从具体制度层面保证了董事会领导下的院长负责制在学院的有效贯彻和落实。

贵州城市学院17年的发展历程也是学校制度建立和完善的过程，目前学院已初步形成较为完善的制度体系。

学院依据《贵州城市职业学院章程》制定了《贵州城市职业学院管理制度》，将学校制度划分为根本制度、基本制度、具体制度三个层次。根本制度包括发展规划、机构设置与职责、员工聘用与待遇、行政管理与奖惩；基本制度包括教学管理、学生管理、招生就业、实习实训、人事管理、党建与思想政治工作等内部管理和服务保障，具体制度包括调停课管理规定、教学事故认定与处理办法、实习指导老师工作准则等。目前已经制定和实施的制度有：①部门工作职责和岗位职责；②部门管理制度与工作流程；③专业设置管理；④人事聘用制度；⑤工资福利制度；⑥财务管理制度；⑦考勤管理制度；⑧学生管理制度；⑨教学管理制度；⑩安全管理制度；⑪招生就业管理制度；⑫奖惩制度；⑬课程建设的实施意见；⑭精品课程建设及评选实施方案；⑮教学工作规范；⑯教学优秀奖评选制度；⑰教学事故认定与处理办法；⑱调停课管理规定；⑲加强期中教学质量检查的若干规定；⑳校外实训基地管理制度；㉑实践教学管理制度；㉒实验、实训教学大纲编制原则；㉓学生实习管理办法；㉔实习指导老师工作准则；㉕教育教学督导条例；㉖听课评课制度；学术委员会章程；㉘专业带头人选拔培养方案；㉙骨干教师选拔标准及管理办法；㉚"双师型"教师资格认定办法；㉛教材建设的若干条例；㉛校园安全管理制度。

贵州城市学院跨越式发展来源于"一分的机会，二分的智慧和七分的治理"。任何制度都需要不断完善和不断创新，纵观古今中外的改革或创新，从一定意义上都是对制度的重整、再造和创新。不论是国家、企业或学校，每一次制度上的成功改革或创新，都会带来一次质的飞跃。所以，国家要强盛，学院要发展，都必须在制度上狠下功夫，求新、求实、求进步，制度好，人心顺，万事兴。贵州城市学院这一系列规章制度的设计和建立都是立足于和服务于最大限度调动和发挥教职员工的积极性、创造性，立足于服务于更好地培养德智体美全面发展的高素质人才，立足于保障师生员工的合法权利得到有效落实、民生得以逐步改善。这些规章制度是规范学院运行的"组织法"，是学院依法运行的必备要素，使学院的依法治校有一个校内"基本法"可依，从而推动学院各项工作进一步走向制度化、规范化、民主化和科学化。

同时，这些规章制度就像高悬的"达摩克利斯"之剑，随时都可能刺向违规者。上至董事长、院长，下至教职员工都要认真、严肃地执行学院规章制度。

古代有"王子犯法与庶民同罪"的说法，如今是"法律面前人人平等"，都是讲无论是法律、制度还是规则，一经确立便对所有的人具有同等的约束力，而不容许有超越于法律、制度或规则之上的特权存在。用一句通俗的话来说，"人人都应该按套路出牌"。制度前进一小步，管理前进一大步。我们既需要一系列制度来规范我们的行为，也需要不断地进行制度创新以保证制度本身的效力和活力，但更重要的则是要将制度贯彻到底。

第三节 用制度规范办学行为

一、规范校务管理

（1）以邓小平理论和"三个代表"重要思想为指导，树立和落实科学发展观，全面贯彻党的教育方针，认真落实教育法律法规和行政规章，坚持面向现代化、面向世界、面向未来，以人为本，遵循教育规律和学生成长规律，面向全体学生，为学生全面健康和谐发展奠定基础。

（2）实行校长负责制、全员聘用制和岗位责任制。坚持依法治校，实行校务公开。坚持教职工代表大会制度，民主管理学校。密切与家庭、社区的联系，建立社区教育管理机构，让家长、社区代表参与学校管理，监督学校日常教育教学。

（3）完善学校常规管理，制定符合法律法规要求、涵盖学校全面工作、符合素质教育需要和学校实际的管理规章。建立健全各种管理档案。

二、规范招生行为

（1）不得买卖或变相买卖"生源"；不得向考生许诺优惠条件，提供生活费或其他优惠条件争抢生源；特困生补助要严格按规定程序办理有关手续。

（2）强化学籍管理。严格执行学籍管理规定，建立健全学生转学、休学、复学等各项管理制度，积极推行学籍信息化管理，配备专（兼）职学籍管理人员，建立纸质和电子学籍档案。

三、规范收费行为

（1）贯彻落实教育经费保障机制的各项政策，按照国家规定开展的教育教学活动等所需的合理支出从公用经费中开支，不得自行以各种形式向学生和家长收费。

（2）实行校务公开制度，做到收支两条线。杜绝学校设立小金库和账外账，严禁挤占、挪用教育收费资金和学校资源。

（3）认真贯彻国家财经法律、法规和财务规章制度，建立健全学校经费收支、资金管理制度，认真编制学校预算，依法组织学校收入，合理安排各项支出。加强财务控制与监督，完善内部管理制度。加强资产和校舍档案管理。建立健全资产购入、使用、报废等环节的管理制度，明确管理责任。按规定建账、设卡，定期进行财产清查，保证账、表、卡、实物相符。按有关专业技术要求，对仪器、图书、设备等进行科学分类、编号、登记，定期定位存放，完善相关防护、维修措施，确保各类仪器、图书、设备经常处于完好可用状态。建立健全校舍档案，及时更新档案内容，保证档案资料齐全、完整、数据准确、绘图规范。

四、规范教学行为

（1）严格执行国家和省颁布的课程方案，落实课程标准，按照国家规定的教育教学内容和课程设置开展教学活动，按规定开齐开足课程，不随意增减课程和课时，严禁随意提前结束新课。

（2）学校更不得任意调课、停课和放假，特殊情况必须停课的，一天以上三天以内的，报董事会批准。高度重视信息技术、艺术、体育与健康、综合实践活动课等项课程的开设，并纳入学生学业水平考试评价之中。

（3）确保节假日师生的法定休息时间。严禁学校以任何名目利用寒暑假、双休日组织学生有偿补课。

（4）科学安排作息时间。学生每天在校教育教学活动的时间，不超过6小时，晚间、双休日和其他法定节假日不上课。学生每天集体体育锻炼不少于1小时，睡眠时间不少于9小时。

（5）严格规范日常考试。不组织、不参加未经董事会和市级以上教育行政部门批准的各种统考、联考或其他竞赛、考级等活动。全面推行日常考试无分数评价。实行学生学业成绩与成长记录相结合的综合评价方式。考试内容不超出课程标准规定的要求，不出偏题、怪题。不得按考试成绩给学生排队和安排座位、考场。

（6）学校统筹各学科教师作业布置，控制作业数量，教师要精选作业内容，提高作业质量。课外作业控制在每天一个半小时之内。

五、规范教师行为

（1）加强教师的职业道德教育和业务培训，提高教师专业化水平，改善教师的工作条件和生活条件，保障教师的合法权益，提高教师的社会地位。

（2）加强管理，严禁教师对学生实行有偿家教、有偿补课，不私自在校外兼课、兼职，不组织学生统一征订教辅材料。教师尊重学生人格，不歧视学生，不体罚、变相体罚学生，关心帮助学习困难的学生，保护学生合法权益。

（3）建立科学的教师评价体系，综合考虑师德表现、工作态度、专业发展、工作量、工作难度和工作实绩等方面因素，科学评价教师工作。

（4）广大教职工要遵守学校规章制度。按时上下班，按时参加学校组织的各种会议和活动，不迟到、早退和旷课。学校制定教师备课、上课、听课、作业布置和批改、考核评价及早读、自习和课外辅导的基本要求，教师按要求备课、上课、听课、作业布置和批改、考核评价。

（5）严格执行"五不得"。不得在工作日中餐饮酒，不得在课堂内抽烟，不得带通信工具进入课堂，不得在教学区内打牌，不得穿拖鞋、背心、无袖衫进入课堂。

（6）健全听课制度。一般教师、年级（学科）组长、校长（教导主任）每学期听课分别不少于10节、15节、20节。每次听课有记录、有评价意见。

师资队伍是全面提高人才培养质量的根本保障。师资队伍建设要适应人才培养模式改革的需要，按照开放性和职业性的要求，增加专业教师中具有企业工作经历的"双师型"教师比例，不断提高专业教师的实践教学能力。为此，贵州城市学院提出了提高教师教学水平的主要举措。

（1）推行教学名师制；

（2）设置专业带头人；

（3）构建"双师型"教学团队；

（4）实施内部评聘职称办法；

（5）组织各种竞赛活动，如4+1竞赛活动（多媒体课件、教学大纲、教案、课堂教学效果、实践教学等评比）；

（6）实行末位淘汰制。

六、规范教材管理

严格教学用书管理。学校在省教育厅公布的高职高专教学用书目录中按照规定的程序选用教学用书，不得选用目录之外的教学用书。不得向学生乱推销资料。

七、规范安全管理

（1）加强安全教育，增强师生的安全防范意识和自护自救能力。加强教学安全管理，确保教学安全。组织学生户外活动要有安全措施。组织学生校外活动要有安全保障计划。

（2）定期对校舍、设施进行安全检查，督促防火、防盗、防坍塌、防触电、防溺水、防滋扰、防中毒、防意外伤害等措施落实到位，及时消除安全隐患，预防发生事故。加强校园周围"网吧"管理，净化校园周边环境。

（3）加强门卫管理，禁止无关人员和机动车辆进入校园。建立学生宿舍安全管理制度，落实管理责任。使用校车法定手续完备，制定并严格执行校车管理制度。

（4）维护教学环境、教学秩序。禁止任何外单位和个人在校园堆置杂物、停放车辆、晒打谷物，侵占校园场地。禁止在校园里从事宗教活动，禁止非法携带管制刀具进入校园。学校教学活动由教育行政部门统一管理，任何单位和个人不得责令学校停课，不得抽调教师和学生从事商业性庆典活动。

（5）高度重视健康教育工作，根据《学校卫生工作条例》的要求，制定和实施健康教育、健康咨询工作计划，增强学生健康卫生意识，增加学生健康卫生知识，促使学生养成良好卫生习惯。

（6）按照要求开展教学卫生监督工作，确保学生食堂、宿舍、教室和其他生活、教学场所环境卫生，空气、光照和学生坐姿、用眼习惯等符合卫生要求。

八、加强督导检查，健全责任追究机制

建立办学行为责任制和违规责任追究制度。对各单位各部门违反上述规

定的，按照"谁主办谁负责，谁分管谁负责"的原则，依法、依规追究相关责任。对因违规办学、给学校造成恶劣影响或重大损失的，学校将对责任者和当事人予以纪律处分直至追究法律责任。

《贵州城市学院纪检督察部工作制度》

2.1 总则

第1条 根据国家的相关法律、法规及集团的规章制度之规定，结合集团、学院具体实际，依法依规开展工作，认真履行董事会赋予的《贵州万好教育（投资）集团纪检督察部工作实施意见》的职能，扎实做好纪检督察工作。院纪检督察部在学院董事会的领导下，坚持集体领导与分工合作制，在纪检书记的领导下，纪检人员应积极参与纪检督察的相关工作。为充分发挥学院纪检督察部的职能作用，深入推进学院升本工作和其他各项工作有序进行，特制定本制度。

第2条 本制度适用于集团、学院内部纪检督察事务。

2.2 组织与领导

第3条 纪检书记负责集团与学院纪检督察工作的全面领导，组织承办具体业务。

第4条 纪检督察部行使纪检督察职能，配备纪检督察工作人员。

第5条 纪检督察部受集团董事长及董事会领导，业务工作受纪检书记领导。

2.3 部门工作职责和权限

第6条 集团纪检督察部履行纪律检查和行政监察两大职能，其工作职责主要是：

（1）监督检查各二级学院及各部门贯彻执行国家的法律法规、党的方针政策、集团的决议决定和学院规章制度的情况；

（2）受理对集团、学院、各级管理人员违反集团和学院规章制度的举报、学生严重违纪的举报；

（3）纪检督察部根据案件调查和审理结果，可根据情况向有关部门或个人提出处理建议或处理决定，有关部门和人员无正当理由必须采纳或执行；

（4）重大监察处理决定和党纪处理意见报集团董事会和院党委批准；

（5）处理决定、处理建议应以书面形式送达有关部门或有关人员；

（6）有关部门或个人在收到处理决定或处理建议次日起的15日内必须做出

整改。

2.4 申诉

对处理决定或处理建议有异议的,可在收到处理决定或处理建议次日起的15日内向做出决定的纪检督察部提起申诉,做出决定或建议的纪检督察部应在15日内做出复审决定并给予回复;对回复仍不服或有异议,可提请复核。

第7条 案件处理完毕后,对全部案卷材料进行整理,编排目录,装订成册,长期保存。

2.5 执法监察

第8条 范围和内容

对党的路线、方针、政策和国家的法律、法规以及规章、制度、决定、命令执行情况进行监督检查;对集团重要计划、措施的执行情况和经营管理进行监督检查;对职工群众关心和反映的"热点"问题进行监督检查。

第9条 选题立项

纪检监察部门根据上级安排、领导部署、有关部门要求、调查发现和群众反映的突出问题,认真分析筛选,提出执法监察的题目,经纪检督察部讨论研究,商请有关部门,确立立项建议,呈报主管领导审批。

第10条 制定方案

根据所立项目,纪检督察部制定执法监察实施方案,方案内容包括工作内容、指导思想、目的要求、政策依据、组织领导、方法步骤、时间安排等。

2.6 纪检督察部工作职责

根据《贵州城市学院制度》划分,纪检督察部门工作职责是:

制度实施情况督查;

校园整洁管理督查;

文件督察管理;

教职工违纪情况督查;

学生严重违纪情况督查;

学院安全事故监察督察;

督察采编印通报管理;

学校对外诉讼相关情况督查。

2.7 纪检督察部部长职责

在纪检书记指导下做好纪检督察的日常工作和主持纪检督察部的全面工作；统筹协调部门成员开展纪检、督察的日常工作。

制定纪检督察工作计划。

加强宣传教育，开展经常性党风廉政建设的教育和党纪政纪条规的学习。

管理违反党纪国法、校纪校规的检举、控告，协助董事会对违纪案件的取证审查工作。

认真执行学院规定的部门工作职责。

善于督察和发现问题，并迅速向有关部门反馈以期得到及时处理。

凡部门的工作安排首先向纪检书记请示、做到事前有请示、事后有汇报。

第五章　紧扣地方经济优化专业布局

第一节　贵州经济社会发展客观需要

高职教育要及时跟踪市场需求的变化，主动适应区域、行业经济和社会发展的需要，根据学校的办学条件，有针对性地调整和设置专业。要根据市场需求与专业设置情况，建立以重点专业为龙头、相关专业为支撑的专业群，辐射服务面向的区域、行业、企业和农村，增强学生的就业能力。

一、贵州省经济社会发展的现实要求

我省地处内陆腹地，是西南的中心位置，具有承接东南沿海的区位优势。改革开放以来，特别是实施西部大开发战略以来，贵州出现了历史上经济社会发展最快最好的时期。"十二五"时期我国经济社会发展和变革，主要以加快转变经济发展方式为主线，以科技进步和创新作为重要支撑，深入实施科教兴国和人才强国战略，提高教育现代化水平，推动发展向主要依靠科技进步、劳动者素质提高、管理创新转变。高等教育作为科技第一生产力和人才第一资源的重要结合点，具有特殊重要的作用。在贵州实施西部大开发及"两加一推"过程中，人才是关键。2012年2月，国务院出台了《关于进一步促进贵州经济社会又好又快发展的若干意见》（国发2号文件），国发2号文件是第一个从国家层面出台的系统支持贵州发展的政策文件，文件揭示了"贫困和落后是贵州的主要矛盾"，指出"加快发展是贵州的主要任务"。并明确了7项政策支持贵州的发展，其中在涉及教育事业方面特别强调在"优先发展教

育事业"的背景下，"支持贵州优化高等学校布局结构和人才培养结构，加强理工、民族医药等经济社会发展急需的院校和学科专业建设。为经济和社会发展提供强有力的人才和智力支持"。这不仅体现了国家对贵州经济社会发展的支持，同时也体现了国家对贵州高等教育发展的要求。因此，加强专业建设正是为了适应贵州省经济社会发展和高端人才的迫切需要。

二、贵州产业转型升级与全国同步小康的现实需求

我国经济社会发展已进入新常态，党和国家积极推进供给侧结构性改革进程中，提出的"中国制造2025""一带一路""互联网+"等重大发展战略，迫切需要转变经济发展方式，实现产业转型升级和创新驱动发展。当前和今后相当长时期，贵州都会处在大发展、大变革的重要历史阶段。"十三五"开局以来，贵州省、贵阳市和贵安新区以开放带动、创新驱动发展战略为引领，正持续加快产业结构的转型升级调整步伐，重点围绕以大数据为引领的电子信息产业，以大健康为目标的医药养生产业，以绿色有机无公害为标准的现代山地高效农业，以民族、山地和红色为特色的文化旅游业；以节能环保低碳为主导的新型建筑建材业等的发展不断提速发力，且各大产业都处于发展的上升期，这意味着贵州正孕育着巨大的创业、就业机遇。

在贵州"守底线、走新路、奔小康"历史进程中，要精准高效补齐"脱贫攻坚""基础设施""教育医疗事业"这三块短板，做大做强"大生态""大数据""大旅游"三块长板，实现与全国同步小康的战略目标，因此，对高素质技术技能人才的需求必然会快速增加。《贵州省中长期人才发展规划纲要（2010—2020年）》明确提出："要适应加快推进新型工业化和产业结构优化升级的需要，以提升职业素质和职业技能为核心，以技师和高级技师为重点，建设一支数量充足、结构合理、技艺较高的技能人才队伍。"因此，调整、设置专业结构，是推进贵州产业转型升级、实现贵州经济社会跨越发展和同步小康战略目标对高技能人才迫切的现实需求和客观需要。

三、贵州省推进工业化、城镇化战略的需要

国务院〔2012〕2号文件《关于进一步促进贵州经济社会又好又快发展的若干意见》在阐述基本原则时指出，"坚持科学发展，转变经济发展方式。牢

固树立全面协调可持续的发展理念，把后发赶超与加快转型有机结合起来，走新型工业化、城镇化道路，在发展中促转变，在转变中谋发展"，强调"坚持统筹协调，促进'三化'同步发展。在加快工业化、城镇化进程中，始终把农业现代化建设和社会主义新农村建设放在突出重要位置，推进城乡区域协调发展，构建城乡一体化发展新格局"，要求"按照统筹规划、合理布局、节约用地、完善功能的原则，推进城镇化进程"，提出"根据完善城市道路体系，增加路网密度，大力发展公共交通，在符合条件的城市安全有序地建设轨道交通"的建设思路。工业化、城镇化带动战略是我省的战略定位和发展任务，作为教育战线的高等院校，必须与时俱进，紧紧围绕这一战略定位，加快人才培养步伐，提升人才培养的质量。

目前，贵州城市职业学院已拥有"城市规划""工程管理""轨道交通"等10余个相关专业，下一步的专业设置将围绕贵州省城镇化进程、工业化发展输送高技能人才服务，为贵州省"两加一推"和"三化同步"做出新的贡献。

四、贵安新区经济社会发展的需要

2014年1月，国务院同意设立贵州贵安新区，即第8个国家级新区。新区规划控制面积1795平方千米，目前，规划了核心职能集聚区、特色职能引领区、文化生态保护区三大功能区，同时，规划了八大产业园区和综合保税区，重点打造大数据、高端电子信息制造、高端特色装备制造、高端文化旅游养生、高端服务业等现代产业集群。贵安新区是黔中经济区核心地带，区位优势明显，地势相对平坦，人文生态环境良好，发展潜力巨大，具备加快发展的条件和实力。贵安新区将被建设成为经济繁荣、社会文明、环境优美的西部地区重要的经济增长极及内陆开放型经济新高地和生态文明示范区。

贵州城市学院地处贵安新区大学城，学院升格为本科大学，对带动贵安新区及周边地区经济社会的发展及民办高等教育事业的发展具有重要意义。贵安目前尚无一所真正意义上的本科院校，这种高等教育资源严重短缺的现状，与具有较大发展潜能的贵安新区及周边地区经济、社会和教育发展的形势极不相称。因此，学院下一步的发展是申请建设为应用型本科高等学校，从属于贵安新区管辖，以便能更充分地发挥民办本科院校机制灵活的人才培养模式，更好地为地方培养更多的适用性高技能人才，为贵安新区及周边地方发展提供人才支持和社会服务，更有效地发挥贵安新区的区域优势和教育影响辐射力，增强贵安新区高等教育整体实力。

学院紧贴贵安新区大生态、大健康、大文化、大旅游、大数据产业建设及精准扶贫战略需要，设置专业，构建专业群。目前，已形成城市建设、机电技术和农村商品流通三大专业群助推区域产业转型升级的局面，且其他专业群已初具雏形。

第二节　专业调整基本思路与方法

专业建设是高职院校教学内涵建设的核心，是提高人才培养质量的关键。专业建设是教学改革的切入点。专业是学校人才培养工作的具体实施的载体，学生的专业知识和能力的构建是通过专业的学习来完成的，因此，涉及专业建设的课程标准、师资队伍、教学模式等主要内容的质量，势必会影响到人才培养的质量。因此，"十二五"期间，学院狠抓专业建设，取得了较好的成效。

近年来，学院在对社会需求充分预测与调研的基础上，坚持以服务为宗旨，以就业为导向，以地方经济社会发展对高职人才的需求为基础，不断调整完善专业设置，重点建设优势专业和特色专业，构建适应地方经济社会发展需要的具有高职特色的专业布局，培养适应生产、建设、管理和服务一线需要的高素质技能型人才，主动服务地方社会经济发展。

一是改造调整。原有专业按照教学管理规律调整专业归口，并适时调整各个专业的人才培养方案。

二是创办新的专业。2010年以来，学院紧扣地方经济发展，积极申报新专业。每年都新增5~7个专业，专业已覆盖了建筑工程、电子信息、经济贸易、工商管理、艺术传媒及护理等领域，形成了以建筑、护理、机电、经管大类专业为主，以艺术传媒、信息等专业为辅，相互支撑、协调发展的专业格局。

三是提升优势专业。根据贵州实施的工业强省战略和城镇化带动战略，学院重点开发建设了建筑工程方面的"建筑工程管理""工程测量技术""工程造价""城市规划"等8个专业，学生规模达到3600多人，仅2013年就投入230万元建设实验室，建筑类专业已发展成为学院的龙头专业。另外，护理专业是2013年创办的新专业，仅仅4年时间，学校就投入800多万元建立实验室，目前，该专业在校生规模已经达到5380人，成为学院生源的新增长点和又一个龙头专业。

学院紧跟行业产业链变化和区域经济发展，建设了建筑、医护、金融、物流、管理、旅游酒店、汽车电子、信息服务等多个现代服务业领域的6大类45个高职专业，形成了以医护和建筑类专业为主干，以财经类专业为优势，以机电、艺术设计、信息类专业为支撑的专业体系结构。

2017年下半年学院紧跟市场变化，组织全院各专业开展专业调研和专业深度剖析与评价，从专业生源、专业教学、师资队伍、培养效果、社会服务与科研等6大要素分析专业建设水平与发展状态，进一步明确了学院今后一段时期专业分类管理和建设的思路，提出了每一个专业的调整、建设方向，新增了城市轨道交通工程技术、社会体育、护理（涉外英语方向）、助产等4个专业，目前正在进行城市轨道交通机电技术、广播电视技术、机电一体化技术、人物形象设计4个专业的申报工作。

第三节　贵州城市学院专业发展规划

以培养贵州新型城市化建设高素质技术技能型人才为目标，建立健全现代应用型大学制度，探索建立有利于协同创新的内部管理体制和运行机制，营造有利于校企协同创新的校园文化环境，形成促进和优化民办高校特色发展的"城院模式"；政校行企联手合作，创新办学体制机制，深化校企共建以建、筑工程技术、工程造价、计算机网络技术、网络营销、电子商务等专业为重点建设内容；建设专兼结合的"双师"结构师资队伍，打造高水平的教学科技创新团队。

——进一步优化专业结构与布局，继续推进专业动态调整机制。设置建筑工程管理、工程造价、计算机网络技术、网络营销、电子商务等5个专业。逐年减少专科专业，增加本科专业，到2024年设置普通全日制本科专业10个左右。

——以建筑、商务、医护重点专业群建设为根基，着力打造工程造价等骨干专业，精心培育工程造价等特色专业，逐步形成以建筑类专业为主体，信息技术、卫生健康与护理专业为"两翼"，理、工、卫护、管、艺术等多学科、多专业协调发展的，富有贵州城市学院特色的民办本科应用技术型专业体系。

——引进高技能、高学历、高职称人才50名，培育优秀骨干教师30名，建设10个教学、创新团队，其中3个要达到省级建设标准。

——深化以人才培养模式创新为重点的专业综合改革，建立寓教于研的技术技能型人才协同培养模式，建设产教融合实践教学基地20个，建成15门优质网络课程。

——校企合作开发工学结合校本教材10~15部。

——广泛吸纳社会资源，建立政校行企协同开展科研项目及成果培育体系，专业对接产业开发社会服务项目15项。

"十三五"期间，努力把学校全面建设成为办学特色鲜明、综合实力雄厚、具有较大社会影响力的高质量、高水平的民办本科高职院校。

第四节　贵州城市学院专业布局

一、专业布局依据

依据"中国制造2025""西部大开发""国家和省十三五发展规划""一带一路战略""国家五大发展理念"、贵州"大数据、大健康、大生态、大旅游、大扶贫"五大发展战略等，围绕服务地方经济社会发展和服务人的全面发展布局专业。

二、专业建设理念

与地方经济发展衔接，与职业岗位需求同步，做到专业设置紧贴产业，课程内容紧扣岗位。真正做到职业教育与地方产业有效对接。

三、专业布局思路

一是着力打造骨干专业；二是构建专业群和建设重点专业群；三是做好优势专业带动相关专业发展。

四、专业调整机制

（1）准入机制，即围绕产业链、对接岗位群、引入新专业；

（2）调整机制，即校、政、行、企多方联动和调整专业布局；

（3）退出机制，即对受经济发展、行业需求、市场需求制约的专业实行淘汰。

五、构建特色专业群

（1）贵州城市学院将通过骨干专业示范引领，构建"经济与管理专业群、农村商品流通专业群、机电技术专业群、土木建筑专业群和卫生健康与护理专业群"。

（2）专业群构建原则。实现"教学资源共享、职业岗位相关、专业基础相通、工程对象相同、技术领域相近"目标。以专业群建设为根基，以重点专业群建设为示范带动，使各专业群互为支撑、协调发展。

总之，专业群的构建及重点专业群的确立，要以"优化布局、突出优势、错位发展、集群效应"为准则。要紧扣产业链的发展趋势构建专业群，以骨干专业引领相关专业集群化发展，重点打造"经济与管理专业群""农村商品流通专业群""机电技术专业群""土木建筑专业群""卫生健康与护理专业群"这五大专业群。瞄准产业技术领域对接岗位集群需求，系统设计平台课程，促进群内各专业有机融合。

第六章　质量立校改革教学方法

第一节　构建三位一体质量监控体系

教学质量是高等学校的生命。重视教学工作，提高教育质量是高等学校的中心工作。教育质量的优劣不仅关系到能否实现高校的人才培养目标，而且关系到高校的生存和发展。提高教学质量、更新教学观念、建立和完善教学质量监控体系已成为高校深化教学改革，加强教学质量管理的重要任务。因此，建立科学、完善的教学质量监控体系是提高教学质量的重要途径。

（一）背景介绍

贵州城市职业学院在"十二·五"期间提出了"三段式"发展路线图，促进了教育管理和教学质量的进一步提高。

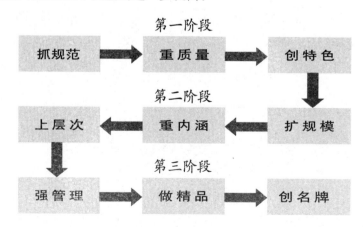

尤其在重视教学质量过程中，凝练构建了"三位一体"的质量监控体系

（见下图）。

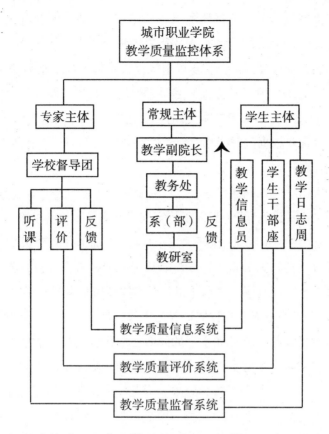

自2013年学院构建"三位一体"的质量监控体系以来，教育教学建设的重点在于加强教学建设与改革，夯实教学基础建设。对此，学院开展了日常教学检查工作和学期中的教学检查工作，主要教师的课堂教学、学生的出勤率、教学计划、教学大纲的实施、课程建设、实践教学、教学效果、教学改革等方面进行教学检查及其监控。开展学生评教和专家评教活动，在校学生对所授课教师进行评价，教师也开展互评。此外，学院还在每学期期末组织学生座谈会，了解教学过程中教师授课情况，与听课过程了解的情况相结合，做出初步评价，待座谈会后进行反馈。学院制定了各主要教学环节质量标准，院领导、专家团队、教师"三级听课"制度，教学督导制度，学生教学信息员制度，教师教学工作考核制度，教学事故责任追究制度，保障教学的正常运行，在实际教学中起到了很大的效果，教学秩序得到极大改善。

（二）实施过程

《贵州省高职教育人才培养质量提升工程建设方案》明确提出：通过建

立健全贵州高职教育教学质量监测与评估体系，客观评价我省高等职业教育成就和问题，促进高等职业教育人才培养质量稳步提升；充分发挥各高职院校人才、信息、资源聚集优势，积极引导广大教师围绕专业建设、课程改革、实践教学、人才培养模式等方面开展科学研究；对各高职院校提升人才培养质量进行分类指导，引导其走特色化办学之路；坚持问题导向，找准问题、剖析原因，特别要根据问题提出有针对性的解决方案与行之有效的具体措施，进而推进我省高职教育内涵发展。

为此，根据学院内涵建设——"目标是质量、根本是专业、核心是课程、关键是教师、科研是先导"，我们坚持实施提升质量工程不松懈，立足"一个根本"，抓住"两条主线"，抓好"三个环节"，加强"四个板块建设"。"一个根本"即以立德树人为根本。学院始终把立德树人作为教育教学的根本任务，注重对学生职业道德、技术知识、操作技能和基本职业素质的全面养成。"两条主线"即以质量提升和技能培养为主线。学院在不断加强和改进教育教学管理，努力提高办学质量和水平的同时，强化教学过程的实践性、开放性和职业性，在实践教学方案设计与实施、指导教师配备、协同管理等方面与企业密切合作，有力提升了教学效果。近几年来，毕业生就业率保持在97%以上，毕业生的企业满意率高，体现出较高的办学水平。"三个关键环节"即课程标准、教学运行、质量评价。按照专业对接产业、课程对接岗位的要求，建立课程标准。我校城建学院带领"建筑教学团队"与广州测绘公司贵阳分公司、贵州黔正测绘有限公司等校企合作单位共同合作，编写了《建筑工程测量》（2011）、《南方CASS软件工程中的应用》（2013年）等校本教材，并且在教学运行和质量评价方面严格把控，做到以项目教学法引入课程，突出课程的标准，使学生既能学习理论知识，又能提升实际操作的能力。"四大板块建设"即专业建设、课程建设、师资队伍建设、实验实训基地建设。

1. 专业建设

根据市场需求与专业设置情况，建立以重点专业为龙头、相关专业为支撑的专业群，辐射服务面向的区域、行业、企业和农村，增强学生的就业能力。在巩固现有43个专业基础上，学院按照"分类指导、注重特色"的原则，优化学院专业结构，提高专业整体建设水平。重点打造骨干专业，推进专业及专业群的建设。学院以护理、工程造价、电子商务等重点专业为龙头，相关专业为支撑，从而优化专业结构，实现各专业均衡发展；以学院骨干专业建设为契机，把相关经验转移、借鉴到其他专业建设中去，带动专业及专业群的发展。

2. 课程建设

加强教学改革，建好课程体系。为了深化教学改革，学院吸纳行业（企业）人员，针对生产岗位实际，共同进行岗位能力和素质要求分析，以就业为导向，确定人才培养目标，修订人才培养方案。以素质为基础，以技能为核心，参照职业资格标准，构建课程体系，整合教学内容。

课程建设与改革是提高教学质量的核心，也是教学改革的重点和难点。我们积极与行业企业合作开发课程，根据技术领域和职业岗位（群）的任职要求，参照相关的职业资格标准，改革课程体系和教学内容。建立突出职业能力培养的课程标准，规范课程教学的基本要求，提高课程教学质量。

3. 师资队伍建设

学院注重以"双师素质"为主的教师队伍建设，制定了"数量上逐年补充，质量上逐步提高，结构上不断改善"的师资建设规划，实施了《"双师型"教师认定与管理的办法》《教师业务培训实施办法》《教师实践锻炼管理办法》《实践指导教师管理办法》等多项管理制度。

4. 实验实训基地建设

不断加强专业实验室的建设和产教对接的生产性实训基地建设。通过项目建设，规范实践教学、生产性实训室的建设与管理，提高学生的实践能力，提高学生的就业率，促进学生全面发展，实现生产性实训基地与实训室合一，培养学生实践能力；实现生产和经营合一，获得经营收入；实现生产任务与教学内容合一，提高教师教学水平。

目前，学校的综合实验室和各个系的专业实验室的建设有待进一步加强，职业院校必须要进行课程实训、专业实训和社会实践。因此，我们不仅要有完善的实验室，还要有完整的实训、实习计划。

（三）特色创新

贵州城市职业学院构建并运行的"三位一体"的教学质量监控体系，是遵循教育教学规律，落实《贵州省高职教育人才培养质量提升工程建设方案》的具体体现。从小的方面讲，对学校强化人才培养目标、提升教学质量具有重要的保证作用，对增强学生的技术技能、促进就业率的不断提高具有重要的现实意义；从大的方面讲，对进一步深化教育教学改革，强化教育教学规范管理，切实提高人才培养质量，完善"工学结合、产教融合"，推进校政行企协同创新与育人机制，创新人才培养模式，全面提升我省高职教育人才培养质量与水平也具有一定的参考意义。因此，学院将坚持质量立校方向不动摇，下一步将继续在教学质量方面狠下功夫。一是全面启动课程建设与改革工程，构建基于工作岗位的课程体系；二是改革课堂教学，提高课堂教学效果；三是狠抓学生的职业训练，提高学生的专业技能；四是强化教学质量监控，严格规范教学管理。

（四）取得成效

通过"三位一体"质量监控体系的运行，教育教学质量明显提升。2013年顺利通过了教育厅组织专家组进行的"人才培养评估"，学生就业率近年来都保持在96%以上，连续6年获得贵州省建筑技能大赛第一名，实现"六连冠"，并代表贵州省参加全国建筑技能大赛获得一项冠军，三个二等奖，四个三等奖，另外，电子商务获得全国技能大赛三等奖，护理获得全省技能大赛一等奖，几年来累计获得技能大赛600余项。2010年获得全国教育特色二等奖，2011年荣获"全国优秀民办高校"称号。2015年，学校获得教育厅"优秀基层党组织荣誉"表彰，2017年，获得"贵州省高等学校'五好'基层党组织"称号，2018年学校获得"安全文明示范校园"称号，并以良好的成绩通过"思想政治评估"。

实践告诉我们，高等职业教育质量就是生命线，特色就是竞争力，技能培养就是根本点。

（五）展望未来

1.教育教学改革与创新尚待进一步探索

以产教融合、校企合作为基本特征的城院办学模式尚待进一步凝练，专业群的建设特别是重点专业和精品资源课程的建设水平亟待提升，产教一体的教学组织模式尚需继续培育，实践教学的改革有待进一步深化。

2.专兼结合的双师队伍建设需进一步加强

专任教师年龄结构、职称结构和学历结构尚需进一步优化，年富力强的高技能、高职称教师，特别是有影响力的专业带头人的引进需进一步加强，企业技术骨干和能工巧匠担任专业实践课的比例要进一步提高，专业课教师双师素质和能力提升尚有不足，优秀青年教师、骨干团队有待组建。

3.社会服务的能力和水平有待进一步提高

教师的应用科研能力和技术服务能力需要进一步提升，核心期刊、学术专著、专利申报、重大科研项目、高质量技术服务与产品研发等的数量和质量仍待提高，社会服务中的重大项目不多，收益水平不高，离产学研一体化的要求还有较大差距，专业"对接产业搞科研、通过科研促教学"的氛围尚待进一步营造。

4.体制机制改革有待进一步深化

有利于协同创新的人事分配制度为重点的内部治理结构体制改革尚在起步，引导二级学院转变为办学单位的力度需要进一步加大，办好教育投资集团的企业背景优势有待进一步发挥，校企合作、组团发展的动力机制和利益平衡机制尚需进一步探索和实践。

第二节　教育质量年度报告

（一）坚持以学生为中心，走内涵发展之路

1.深入贯彻以学生为中心的教学模式

贵州城市职业学院自成立以来，秉承着"一切为了学生，为了一切学生，为了学生的一切"这一理念，针对各专业的教学特点，不断完善适合自身专业特色的教学模式，逐步形成了"校企合作、技艺融合、情境育人"等各具专业特色的人才培养模式，在真实的职业岗位环境中培养学生的职业能力，提高人才培养质量。

在日常教学过程中，学院要求任课教师从学生的实际情况出发，保护学生自尊心，让每个学生都能发挥自己的专长，最大限度地体验学习的快乐与成功。一方面，充分发挥教师的个人魅力，选择合适的教学方法，发现学生的兴趣与闪光点，充分调动学生的学习主动性，激发他们的求知欲和学习热情；另一方面，在教学过程中教师要教会学生如何学而不是如何听，让学生从被迫学习变为自愿学习，在知识、技能得到提高的同时，学习能力也能得到更大的提升。

2. 加强德育教育，做好学生的思想引领和成长服务工作

学院通过规范社团制度建设，加强社团发展规划，打造了艺术团、礼仪队、青年志愿者协会、环保协会等40个品牌社团，其中野战社团获得全国野战运动单人定点赛学生组第一名、双人挑战赛学生组第一名，其他社团获得省级奖项10个。开展"绿色校园创建""爱国、爱校、爱家演讲比赛""世界环境日""禁毒知识竞赛"等10余次团日活动，起到良好的正能量宣传作用。发扬奉献精神，积极开展青年志愿者活动。2015年学院团委一年来共计组织382人次献血114600毫升，拯救他人生命，增强社会责任意识。组织青年志愿者250人次赴花溪开展城市交通协勤、纠正不文明行为等活动，得到社会的好评。

3. 以参加技能大赛为依托，提升学生技能水平

学院从2009年起连续6年参加贵州省建筑技能竞赛，荣获六连冠；2015年，学院建筑专业学生取得全国第八届BIM算量大赛二等奖和土建算量单项一等奖及第六届BIM施工管理沙盘及软件应用大赛二等奖的优异成绩；医护专业、经济专业、管理专业学生也相继在各类职业技能大赛中取得不俗的成绩。2015年投资建设、完善医护类、汽车电子类实训室，为拓展学生的职业素养，培养严谨、务实的思维方式与职业精神提供了良好的学习环境。

表1 2014—2015学年参加技能大赛获奖一览表

项目名称（全称）	项目类别 151	级别 150	获奖日期
全国测绘技能大赛	技能大赛	国家级	2014 年 10 月
第五届"广联达杯"施工管理沙盘及软件应用大赛（施工布置单项）	技能大赛	国家级	2014 年 11 月
第五届"广联达杯"施工管理沙盘及软件应用大赛	技能大赛	国家级	2014 年 11 月
第七届"广联达杯"工程算量大赛	技能大赛	国家级	2014 年 11 月
高职组工程造价（广联达）项目	技能大赛	省部级	2015 年 5 月
高职组项目管理沙盘项目	技能大赛	省部级	2015 年 5 月
高职组测绘项目	技能大赛	省部级	2015 年 5 月
工程造价（斯维尔）项目	技能大赛	省部级	2015 年 5 月
第六届全国大学生广告艺术大赛	科技文化作品	省部级	2014 年 8 月

续表

项目名称（全称）	项目类别151	级别150	获奖日期
第七届全国大学生广告艺术大赛	科技文化作品	省部级	2015年7月
电子商务技能	技能大赛	省部级	2015年5月
会计技能	技能大赛	省部级	2015年5月
市场营销技能	技能大赛	省部级	2015年5月
英语口语（非英语专业组）	技能大赛	省部级	2015年5月
电子商务技能	技能大赛	省部级	2015年5月
汽车电气系统检修	技能大赛	省部级	2015年5月
移动互联网应用软件开发	技能大赛	省部级	2015年5月
高职组导游服务（英语组）	技能大赛	省部级	2015年5月
高职组护理技术技能	技能大赛	省部级	2015年5月

数据来源：贵州城市职业学院人才培养数据采集平台。

4. 加强文化建设，丰富校园文化生活

紧跟时代潮流，丰富校园文化。学院分析学生情况，把准学生思想脉搏，以活动促教育，寓教育于活动。例如，2015年10月27日，为了丰富学生的业余文化生活，学院与贵州职教协会联合主办了贵州省首届公益职教群星慰问演出活动，中国好声音朱克等贵州籍知名音乐人参与了演出，大学城各高校师生、各职业院校领导及社会知名人士共数千人观看了本场演出。本场晚会，使我院的社会影响力得到极大提升。

5. 搭建平台，为学生实现优质创就业提供良好条件

面对严峻的就业形势，学院要求各二级学院要把毕业生的就业作为工作的重中之重，切实落实二级管理责任，积极指导帮助毕业生择业和就业，及时准确地掌握毕业生的就业动态。学院不断加强联系沟通，了解调查学生的思想状况，及时传递就业市场信息；及时准确为学院领导提供与就业工作相关的信息和报告，为就业工作做出科学决策提供条件。学院把全程就业指导服务延伸到社会，定期开展不同形式的学生毕业后职业发展跟踪调查工作。在电话回访、企业回访的基础上，2015年开展了毕业生信息搜集工作，关注学生的后续发展，为人才培养工作提供建议。

为了帮助青年学生树立良好的职业理想，加强职业生涯规划和指导，充

分利用校园宣传栏、手机短信平台、计算机网络等宣传媒介，全方位地向学生宣讲国家对大学生就业和创业的相关政策。学院开展10余次就业大讲堂和300多家企业进校园专场招聘会，定期要求学院领导、就业指导老师、企业人员为大家讲解就业知识，指导学生进行职业生涯规划。2015年毕业生就业率达97.30%。

学院积极贯彻政府尤其是贵安新区大学城管委会关于促进大学生"双创"的政策导向，2015年9月成立创业学院，专门从事大学生素质拓展培训、创业经理班培训、公务员培训以及创业孵化基地建设的工作，指导学生发挥自己的能力去寻找创业就业渠道，利用校园和社会资源，锻炼走向社会的能力。在大学城新校区，学院建设了学生创业街，针对有创业意向的学生开展校内创业实践活动，为学生搭建创意展示和创业实践的平台。2015年新校区在校生申请创业团队达17个。

（二）强化教育教学改革，提高办学质量

1.落实高等职业教育考试招生制度改革

随着国家加快推进高等职业教育院校招考制度改革，学生考试多次选择，选择适合自己的学校，学校依法自主招生，从根本上解决一考定终身的弊端。学院根据招生政策的变化和高职人才培养的要求，积极探索高职院校的招生考试改革。2015年，面对高职高专院校增多、三本院校进行改革的趋势，学院科学规划生源渠道，拓展生源市场，加强学院品牌宣传推广，使学院招生规模突破历史记录。2015年招生专业（方向）共36个，高职线上实际录取5007人，其中贵州省生源所占比例约为98%，省外生源所占比例约为2%。

表2　2015高考生源高职线上录取情况

相关指标	单位	相关数据
招生专业	个	36
贵州省生源录取总数	人	4947
外省生源录取总数	人	60

数据来源：贵州城市职业学院招生处。

2015年我院与贵州省天柱职业学校签订了联合办学协议，自此，我校办学校区从贵阳校区、瓮安校区扩展到天柱校区，实现了校校联合培养职业类人才的目标。积极改革招生考试形式，在中职升高职时考核形式更加灵活，更加突出职业技能的培养目标，学生综合素质不断提高。

2.创新人才培养模式

积极开展校企合作，探索人才培养模式。学院积极探索订单培养、项目导向、顶岗实习等教学模式，不断加大实践教学比例。注重教学过程与企业生产过程紧密结合，突出人才培养的针对性、开放性和灵活性。积极创造条件开展校内教学实训，学生100%完成半年顶岗实习任务。学院积极开展多种形式的"订单"培养，与行业（企业）共同制订专业人才培养方案，实现专业与行业（企业）岗位对接，先后与多家企业实施了"委托订单""定向订单"的培养。在校企合作长效机制保障下，学生经历了从初学者到高素质技能型专门人才的职业成长过程，基本掌握了专业技术实践知识和必备的技术理论知识，在一定程度上实现了生产岗位"零距离"就业。

3.加强市场调研，优化专业结构

学院紧跟行业产业链变化和区域经济发展，建设了建筑、医护、金融、物流、管理、旅游酒店、汽车电子、信息服务等多个现代服务业领域的6大类35个高职专业，形成了以医护、建筑类专业为主干，以财经类专业为优势，以管理、艺术设计、电子信息类专业为支撑的专业体系结构。

2015年下半年学院紧跟市场变化，组织全院各专业开展专业调研和专业深度剖析与评价，从专业生源、专业教学、师资队伍、培养效果、社会服务与科研等六大要素分析专业建设水平与发展状态，进一步明确了学院今后一段时期专业分类管理和建设的思路，提出了每一个专业的调整、建设方向，新增了城市轨道交通工程技术、社会体育、护理（涉外英语方向）、助产等4个专业，正在进行城市轨道交通机电技术、广播电视技术、机电一体化技术、人物形象设计4个专业的申报工作。

4.加强师资队伍建设，提高教学能力

学院注重以"双师素质"为主的教师队伍建设，制定了师资建设规划，有计划、有步骤地安排教师专业进修、业务培训，对教师提升学历层次给予政策支持。通过兼职、引进、送培等途径，强化专业带头人和骨干教师培养，致力于师资队伍结构优化、质量提高。2015年，校内专任教师235人，校外兼职教师48人；专业带头人34人。2015发表教育科研论文15篇，省级教科研项目立项4项。

表3　贵州城市职业学院"资源表"

序号	指标	单位	2014 年	2015 年
1	生师比	–	14.78	17.41
2	"双师"素质专任教师比例	%	21.5	30.64
3	专任教师人均企业实践时间	天	12.59	11.04
4	企业兼职教师专业课课时占比	%	18.96	15.36
5	生均教学科研仪器设备值	元 / 生	5565.57	4279.97
6	生均校内实践基地使用时间	学时 / 生	111.51	120.87
7	生均校外实习实训基地实习时间	天 / 生	1.66	1.67

　　数据来源：1. 贵州城市职业学院人才培养数据采集平台（2013—2014学年）；2. 贵州城市职业学院人才培养数据采集平台（2014—2015学年）。

表4　贵州城市职业学院"落实政策表"

序号	指标	单位	2014 年	2015 年
1	年生均财政拨款水平	元	7541.5	10198.58
2	其中：年生均财政专项经费	元	0	0
3	教职员工额定编制数	人	0	0
	在岗教职员工总数	人	321	368
4	生均实习企业财政经费补贴	元 / 月	0	0
5	生均企业实习责任保险补贴	元	0	0
6	企业兼职教师人均财政补贴	元	0	0
7	专任教师总数	人	214	235
	专任教师参加省级培训量	人日	0	0

　　数据来源：1. 贵州城市职业学院人才培养数据采集平台（2013—2014学年）；2. 贵州城市职业学院人才培养数据采集平台（2014—2015学年）。

　　5. 加强基础建设，完善实训功能

　　学院建设有专业覆盖面较为齐全、软件硬件配套的校内实践基地91个，建有校外实训基地61个，有力支撑了高素质技能型人才培养。学院四家职业技能鉴定所面向在校学生开展计算机操作员、装饰美工、ISO 9000质量管理体系内审员、全国会计能力专业实务、电子商务网络营销师等工种的初、中级鉴定。拥有千兆的校园网，信息点遍布教学、办公和生活区，为实现教学手段现代化、管理科学化、办公信息化奠定了基础。充分利用现代信息技术，为实践操作前的理论教学提供多种有效途径。强化教学过程的实践性、开放性和职业性，在实践教学方案设计与实施、指导教师配备、协同管理等方面与企业密切合作，有力提升了教学效果。

表5 贵州城市职业学院职业技能鉴定机构表

职业技能鉴定站（所）全称	鉴定内容		建立单位	
	工种／证书名称	等级	级别73	部门74
贵州省第一一七国家职业技能鉴定所	计算机操作员	中级	国家级	中央部委
贵州省第一一七国家职业技能鉴定所	装饰美工	中级	国家级	中央部委
国家认证培训中心	ISO 9000 质量管理体系内审员	初级	国家级	其他
中国商业联合会	全国会计实务专业能力证书	初级	国家级	行业
中华人民共和国工业和信息化部通信行业职业技能鉴定指导中心	电子商务网络营销师	中级	国家级	行业

数据来源：贵州城市职业学院人才培养数据采集平台（2014—2015学年）。

6. 加强素质培养，提升教学效果

学院始终把立德树人作为教育教学的根本任务，注重对学生职业道德、技术知识、操作技能和基本职业素质的全面养成。加强社会主义人生观、价值观和职业道德的培育，加强就业创业、心理健康、卫生健康等课程建设，发挥思想政治理论课主渠道作用，促进学生综合素质的提高。学院注重学生创新能力培养，大力推进学生顶岗实习制度，注重校内实训与校外实践训练的有机衔接与融通，保证所有毕业生完成半年以上的实践训练。不断完善适应高技能人才培养要求的评价体系，积极探索实践考试模式改革，以学习能力、职业能力和综合素质为评价核心。积极推行"双证书"制度，2015届毕业生专业职业资格证书取证率为90.6%。

总之，学院不断坚强和改进教育教学管理，努力提高办学质量和水平，使毕业生就业率保持在97%以上，毕业生的企业满意率高，体现出较高的办

学水平。

（三）服务地方，为区域经济发展提供支持

1. 增强服务经济社会能力，为企业提供支持

学院大力开展企业员工培训，坚持"适应市场需求，实施规范管理，服务企业，服务社会，服务学员，确保质量效益"的最大化，最大限度地争取企业与社区培训市场，不断开拓培训领域。2015年，学院在新校区为贵阳市花溪区农村合作银行培训员工100余人，培训效果良好，得到委托单位的肯定。

2. 校校联手，不断扩大学院影响

多年来，学院广泛开展校际交流合作，先后与重庆房地产职业学院、云南经济管理职业学院及省内多所中职学校建立了对口合作、支援关系，在招生、教学等方面开展广泛交流，比较好地满足了社会及地区经济发展对人才的需要，有力促进了省际、地区之间的合作，促进了中西部合作，推进了中职与高职的有机衔接和交流。2015年8月，西宁城市职业学院到学院参观交流，并签订了合作协议，双方就教学管理、师资培养等方面开展了更深入的交流与合作。

3. 以就业为导向，为贵州省的经济发展提供人力资源支撑

学院自建校以来为社会培养了各类经济人才2万多人，新校区坐落在贵安新区大学城，2014年首批学生搬迁入住。2015年毕业学生1705人，就业率达97.3%，其中大部分毕业生在专业技能岗位上工作，在贵州各地的建筑、销售、机电、管理、财会、旅游等行业都有一大批毕业生活跃在一线岗位。

第七章　深化改革培养适用人才

学院十分重视学生技能的培养，提出了"就业导向、技能本位、面向一线、服务社会"的培养理念，并制定和完善了实践教学管理制度，从制度上保证实践教学质量和完善实践教学体系建设，逐步形成了具有特色的"一体两翼"式实践教学体系，即以技术应用能力为主体、职业技能训练与竞赛和职业资格证书获取为两翼，有效地培养了学生的专业技能，提高了实践教学效果和教学质量。

一方面在教学方法上，采取"项目教学""单项实训""综合实训"等方式，积极推行"活动式教学"，实行"教、学、做"一体化。文科类专业采用课内实训、案例教学与社会调查等方式进行；工科类专业尽可能将技能比赛训练与实验实训合二为一，并积极组织学生参加各种技能比赛。

另一方面在教学目标上，实行"双证书"联动培养人才，将考证课程融入人才培养方案的课程体系中。2011年学院开始推行"双证书"制度，几年来取得了较好的效果。2011届学生获证人数仅为65人，获证率仅为3%；推行"双证书"制度后，2012年获证人数722人，获证率为48%，2013届获证人数1099人，获证率达到93.6%。到2015年，"双证书"获取达到98%以上。通过"双证书"联动培养，切实加强学生的技能训练，学生职业技能得到了强化，获证率不断提高，为就业奠定了坚实的基础。从2013年至今，学生就业率都保持在96%以上。

在这个阶段的执行过程中，学院也获得很多荣誉。2010年获得了"全国特色教育二等奖"，2011年获得了"全国优秀高职院校"称号，2012年顺利通过了教育厅组织的"思政评估"。2013年8月，学校通过民办非企业单位评估，并获得4A的好成绩；2013年10月，学校顺利通过了省教育厅组织的专家组对学院进行的人才培养工作水平评估。截至2017年，学院在参加全省和全国各类技能大赛中累计获得了600多个奖项，社会影响力显著提高。

这些成绩的取得，来自各项教育教学的改革，标志着学校办学质量和办学水平的进一步提高。

第一节　基于公共基础课程教学改革
——以《计算机基础》课程为例

《计算机基础》课程教学打破以教师讲解为主的传统教法，充分考虑学生学习目的、学习特征、学习资源、学习环境等因素，想方设法利用信息化手段创造生动灵活的教学方式，充分发挥学生的创造性，培养同学们善于思考的习惯，真正意义上实现了教育的最终目的即对人的解放。

一、产教融合，因材施教，积极组建团队开发校本教材

2015年6月我院《计算机基础》课程教研室全体人员开始着手对《计算机基础》课程进行教学改革研究。首先改革教材，以往的教材已经不能与时俱进，很多知识与技能已经陈旧，不能满足市场行业的需求，我们组织团队开始研究和开发适用于学生实际的模块化教材，制定《计算机应用基础模块化教程》的开发方案，经过团队一年的努力，终于在2016年6月定稿并成功出版发行。接下来，我们《计算机基础》课程的教研室全体成员开始对教法、学法进行研究及探讨。随着"互联网+"的发展，课程教学形式日益多样化，如网络在线课程、微课、微课程、MOOC等，解决了传统实训教学中"进不去，看不见，动不了，难再现"的难题。我们开始着手制作微课，对一些比较含蓄的或者操作性比较强的难点进行设计，做前期的脚本以及画面拍摄、制作，最终以微课的形式展现给同学们，这样真正做到了"翻转课堂"，突破了教学时间上的统一。最近，教研室全体人员开始着手对《计算机应用基础》课程的网络课程平台的搭建研究，以线上线下混合式的学习模式，将同学们以往在课堂中的玩物——手机转化为学习工具，以画面的形式提高同学们对知识

和技能的构建。

二、加大公共基础课程信息化改革力度，与时俱进，提高人才培养质量

我院《计算机基础》课程教学法在计算机基础课程全体教研室成员的共同努力下，正在跟着时代的步伐，一步一步地迈在市场的前列，毕业生的计算机操作水平受到了用人单位的一致好评，如学生打字速度很快、办公软件使用熟练，互联网基础知识扎实等，这些在本科学校觉得简单而忽略的技能，反而被我院当作教学的重难点，确保每位同学都能够熟练掌握。该课程教学始终坚持以"学生为中心"的弹性教学设计，教学活动中一切围绕学生展开，深入贯彻教会学生"如何学习"的理念，以学生发现问题、分析问题和解决问题能力，以及学生实际动手能力的培养为标准，突出民办高职教育"应用""灵活""创新"等特点，从而确保学生能达到预期的教学要求。

三、《计算机基础》课程教学信息化改革为我院课程建设指明方向

通过邀请校内外及行业专家参与《计算机基础》教材开发，体现我们职业教育要紧密结合产教融合，以行业需求为引领，以职业培养为导向；《计算机基础》教研室团队认真履行教师职责，积极钻研教材改革及《计算机基础》课程教学改革新思路，做到心中有党、心中有民、心中有责、心中有戒。此举为我们学院课程建设树立了标杆，为我院课程建设指引了方向。

第二节 持久生命力之校企共建汽修实训基地

——以 2016 年校企共建汽车实训基地为例

为贯彻落实《国务院关于加快发展现代职业教育的决定》（国发〔2014〕19 号），教育部印发《关于深化职业教育教学改革全面提高人才培养质量的若干意见》，推进产教深度融合。深化校企协同育人，充分发挥企业的重要主体作用；完善职业教育行业指导体系，提升行业指导能力；推进专业教学紧贴技术进步和生产实际，有效开展实践性教学；切实规范并加强实习实训教学、

管理和服务；同时加大对学生创新创业实践活动的支持和保障力度。从2015年10月开始，我院就与贵阳市京凯汽车维修中心洽谈校企共建校内生产性实训基地的有关事宜，通过对贵阳京凯汽车维修中心进行资质审查、实地走访考察、组织学生业余时间专业实训、开展讲座、技能竞赛专业指导等环节最终于2017年4月6日签订校企合作协议。

校企合作既是学生与企业的合作，也是教师与企业的合作。通过灵活开放的机制相互协调，以达到企业得到人才，学生得到技能，教师得到提升，学校得到发展的目的，从而实现学校与企业"优势互补、资源共享、互惠互利、共同发展"的多赢结果。学院通过建立校企生产性实训基地的有效途径把汽车检测与维修专业的实训教学推向了一个新高度，使之成为我校开展"校中厂""厂中校"的典型。

一、引企进校，创建了真实的实训教学环境

学校提供场地，贵阳京凯汽车维修中心提供设备、软件、师资，首期投入50多万元的设备并安装使用。我院2015级、2016级汽车检测与维修专业、汽车营销与服务专业的学生专业实践课程、课程实训项目直接在基地教学，由校内专业指导老师和企业实践经验丰富的指导老师共同指导。学生置身于直观的教学环境，进入上课亦上班的工作学习模式，专业技术能力得到了质的飞跃。

二、以就业为导向，结合企业对人才的需求，共同制定人才培养方案和课程标准，把专业技能与职业道德素养有效地结合

通过企业对人才的需求和学校调研发现，一名专业能力再强、技术水平再高的技术人才，如果没有良好的职业道德与素养，将会为企业带来无限的困惑。针对种种用工难问题，学校在教好专业基础知识的同时，积极邀请合作企业参与修改汽车检测与维修专业人才培养方案和课程标准，邀请企业专家开展职业素养培训讲座，系统地培养学生的职业意识，以便学生到企业后能更快更好地适应工作岗位，达到毕业即就业，甚至实习即就业。

三、校企合作，专业实训示范，硕果累累

校企合作，共同制定人才培养方案、课程设置及课程标准，大胆开设实

训课程，结合行业培训考证，提高学生专业"双证书"持有率，切合了现代职业教育理念并取得了丰硕的成绩，我校2015级汽车检测与维修专业的学生95%以上取得了汽车维修高级技工证。校企合作，培养人才结合技能竞赛，我院2017年在参加贵州省汽车技能比赛中获省级单项二等奖1项，三等奖2项。校企合作，以就业为导向，我校2014级汽车检查与维修专业、汽车营销与服务专业学生100%就业且就业质量好，学生收入在5000元以上，部分达10000元以上，部分学生实现了自主创业。

贵州城市职业学院京凯汽车维修实训基地的建立，让学生上课即上班，专业学习和技能完全贴近市场，实现了与社会、企业的无缝对接，培养了企业需要的专业人才；强化了学院"安全立校"之本，将企业引进校园，防范了学生外出安全隐患，让学生在校内就能掌握完全符合行业企业需要的专业技能；企业标准的操作流程、专业的教师指导和行业文化环境影响，让学生爱上了学习，喜欢上班即上课的感觉，轻松愉快地掌握了理论和实操，提高了综合技能；为其他专业建立开展校企共建实训基地提供了指导意义。

第三节　深化校企合作，共建实训基地
——以共建"贵安大学城财会实训考试基地"为例

为贯彻落实《国务院关于加快发展现代职业教育的决定》（国发〔2014〕19号），教育部印发《关于深化职业教育教学改革全面提高人才培养质量的若干意见》，推进产教深度融合。2015年10月15日，贵州城市职业学院商务学院（原经济学院）与贵阳中经会计培训学校正式签订校企合作协议。此次合作，校企双方针对贵州城市职业学院在校学生及贵安大学城高校学生，以"财会相关考试及课程培训"为主要合作内容，就在贵州城市职业学院内校企共建"贵安大学城财会实训考试基地"达成一致意见。

一、践行现代职业教育理念，走"产、学、研"相结合道路

根据合作协议约定，贵州城市职业学院负责提供其位于贵安大学城贵州城市职业学院商务学院实训楼附楼六楼及五楼共500平方米的校内场地作为实

训考试基地建设场地，贵阳中经会计培训学校负责投放电脑（200~300台）、实训桌椅（200~300套）、服务器（2台）、投影仪（2台）、监控设备（1套）、打印机（2台）、办公家具（1套）等教学、办公设备作为实训考试基地建设器材。

通过校企双方的共同努力，2016年2月，贵安大学城财会实训考试基地正式落成，并成为贵安新区会计无纸化考试考点。自实训考试基地正式投入使用后，每年均会开展"会计从业资格证""初级、中级会计师"等项目的考证培训和"真账实操"的考证培训。在2016年至2017年8月期间，贵州城市职业学院每年在该实训考试基地参加培训的学生总人数为985人，通过考试的学生总人数为475人，考证通过率48%，其中会计从业资格证成功率为38%左右，初级会计师成功率为10%左右，比目前市场上同类培训考证通过率高出10%~20%。同时，作为贵安大学城财会实训考试基地，该基地每年接纳考生量达5000人次左右，良好地实现了我校为社会提供服务的功能。除考证培训外，该基地也作为商务学院财会专业日常实训教室使用，自建设成立之日起，该基地平均每学期开设专业实训课程432课时。

瞄准市场需求，制定先进人才培养方案，通过校企合作培养高素质技能型人才，贵州城市职业学院财会专业在校生规模为1500人，在开展校企合作前，贵州城市职业学院商务学院充分调研了市场、行业、企业对财会专业人才的数量需求和职业技能需求现状，而后制定了"以市场为导向、以就业为目标、理实一体"的人才培养方案。基于人才培养方案的要求和国家对高职院校走"产、学、研"相结合道路的提倡，贵州城市职业学院商务学院不断深入企业调研，积极发掘可合作企业，最终确定与贵阳中经会计培训学校开展深度校企合作。合作期间，双方以"教、学、做一体化，增强学生实操能力"为主要教学方式，通过会计电算化软件，让学生练习系统的初始化设置、总账系统的账务处理、UFO报表管理、工资管理、购销存账务处理等实训项目，培养学生操作运用会计软件的能力，增强学生对会计电算化操作的感性认识，使学生在会计电算化的操作技能方面达到会计电算化初级人员水平，为学生的毕业实习打下了良好的基础，为社会培育出了德、智、体全面发展，专业基础扎实、知识面宽、能力强、素质高，富有时代特征和创新精神的高素质技能型人才。

二、坚持"适应发展需求、产教深度融合"的教学理念，助推学院质量升本工程

通过校企合作，企业培训项目得以更好地推广，学生得到更多的实践机会，共同的利益让双方的合作更为持久和稳定。贵州城市职业学院在未来的发展过程中，要继续紧密结合财会产业价值链和市场的人才需求，以"工学结合，校企合作，互利共赢"为原则，借鉴国家示范性高职院校先进的财会模拟实训室建设经验，积极推进校企合作，充分发挥学校和企业的各自优势，共同培养社会与市场需要的人才，这也是职业教育办学的显著特征之一。而校企双方互相支持、互相渗透、双向介入、优势互补、资源互用、利益共享，也是现代职业教育理念，是促进生产力发展，使教育与生产可持续发展的重要途径，也因此成为我校质量升本工程的助推器。

第四节　智慧树在线学习及考试案例

根据贵州城市职业学院《人才培养方案》（2014级）的规定与要求，我校2014级学生于2016年9月初到企业开始为期一年的毕业顶岗实习。为了丰富学生的实践生活，增强学生的个人素质修养，引导学生自主创业，在学生实习期间，我校引进"智慧树"在线教育平台。

一、引进优质在线教育平台，完善学业考试体系

"智慧树"是中国最大的 MOOC 式在线互动学堂，在线教育平台拥有海量大学高品质课程，网络教育在线完美支持跨校授课，学分认证，名师名课名校，在线互动教育学堂，体验 VIP 级课程学习。根据高职院校人才培养需求，经学院领导研究决定，引进"智慧树"在线教育平台，为2014级学生开设了《创业——大学生创新创业实务》《中国民族音乐作品鉴赏》《设计创意生活》《数据结构》《经典影视片解读》《演讲与口才》《社交礼仪与形象设计》等在线课程。

学生在2016年9月10日之前，通过手机、电脑等电子设备激活并登录个人学习账号进入"智慧树"在线教育平台，完善个人信息并选课。然后，学

生利用顶岗实习业余时间，根据课程安排开始为期三个月的在线学习。期间，我校各二级学院有专人负责监管学生的学习进度及课后作业的完成情况，并将学生学习情况反馈给学校教务处。教务处根据各二级学院反馈的情况及时与"智慧树"在线教育平台进行对接，以确保学生能够保质保量地完成在线学习课程。学生完成课程学习后，"智慧树"在线教育平台于12月份开放考试，学生在线完成考试，考试成绩由智慧树在线教育平台导出并发送给学校教务处相关人员。

二. "线上"与"线下"课程融合，帮助学生顺利完成学业

"智慧树"在线教育平台独特的"平台＋内容＋服务""三位一体"的业务推广与服务模式，帮助我校2014级学生顺利并高效地完成了相应课程的学习，协助教师建设新课程，为实现教育教学方法、考试方法的改革和无纸化考试奠定了坚实的基础，实现了我校智能化教学的初步探索。"线上"与"线下"课程相结合，有效地节约了时间，教学资源得到了优化配置，为我校后续实现在线精品课程的建设提供了思路，为我校教师在教育教学过程中使用微课、慕课教学提供了帮助。

三. 充分利用教育信息化资源，稳步提高学生实践能力

顶岗实习，是指在基本上完成教学实习和学过大部分基础技术课之后，到专业对口的现场直接参与生产过程，综合运用本专业所学的知识和技能，以完成一定的生产任务，并进一步获得感性认识，掌握操作技能，学习企业管理，养成正确劳动态度的一种实践性教学形式。我校引进智慧树在线教育平台在学生顶岗实习期间进行教学，既能够满足学生顺利完成顶岗实习的需要，锻炼自身的实践动手能力，实现工学结合，能够通过智慧树在线教育平台提供的丰富课程的课程资源，帮助学生开拓专业视野、了解职场需求，及时获得知识，又充分地利用了顶岗实习的空闲时间，工作与学习两不误，进而实现了顺利就业。

第五节 树立实训实操理念，营造优质教学环境
——城建学院"建筑实训工坊"实践案例分析

2016年3月，经由贵州城市职业学院董事会批准，贵州城市职业学院建筑实训工坊项目正式立项。经过一年零五个月的建设，该实训工坊已于2017年8月完成主体建设与室内空间装修，投入使用。建筑实训工坊的投入使用，使学生在学习过程当中，更好地将工学结合，夯实学生的专业技能。

一、科学谋划，凝练特色

城建学院自建校以来为社会培养了大批的建筑类人才。每年学院都会选拔学生经过培训后参加各类技能大赛，历年来取得了不少优异的成绩。但是，经过对大量毕业生的走访，学院领导发现，即使是在校成绩很优秀的毕业生，在实际的工作中也会遇到理论与实操脱节的情况。为了改变这种现状，让学生具备更加熟练的操作技能，由城建学院领导牵头，在校领导的大力支持下，建筑实训工坊正式立项。

学校经过走访多家企业以及进行工地的实地考察后，于2015年4月批复，预计共投资600万元，占地面积3000平方米，在我校校内修建"建筑实训工房"。目前，很多实验室设备、大型仪器已投入使用。

二、实训工坊，保驾护航

学生在学校的理论课上学习一些基础课和专业课后，逐步具有了较扎实的专业知识。通过"建筑实训工房"，我们的培养目标旨在学生对理论学习能有正确的理解，同时提高学生的实操能力。

通过前期培养，我们发现学生存在的一些缺点和不足主要有：专业知识掌握得不够全面，专业实践阅历欠缺，不能灵活运用所学专业知识，工程上很容易出现各种问题和疑惑。为了快速正确地处理好这些问题，学生必须运用所学的知识和原理，根据问题具体找出"瓶颈"所在，找到突破口去解决好，并在实践中不断学习和总结，而"建筑实训工坊"则是最好的突破口。

实践是知识更新和发展的源泉，是检验真理的试金石，也是大学生锻炼成长的有效途径。一个人的知识和能力只有在实践中才能发挥作用，才能得

到丰富、完善和发展。大学生要勤于实践，将所学的理论知识与实践相结合，在实践中继续学习，不断总结，逐步完善，有所创新，通过城建学院"建筑实训工坊"，学生在实践中提高自己的综合素质和能力，为自己事业的成功打下了良好的基础。

三、情溢城院，共创卓越

据统计，目前我国建筑业从业人员已达3893万人，居各行业之首。在建筑业从业人员中，专业技术和经营管理两类人员仅占从业人员总数的9%，远低于各行业18%的平均水平。专业技术和管理人员中，中专以上学历者占58%，大学以上学历者占11%；占从业人员总数90%以上的生产一线的操作人员仍然是建筑行业紧缺的人才。

建筑工程施工一线生产组织通常分为三个层面：决策层（主要是项目经理）、执行层（施工员、质检员等）、作业层（钢筋工、瓦工等施工班组）。我们将建筑专业的人才培养目标定位在执行层，即培养适应当地建筑业发展需要的德、智、体、美等方面全面发展的，从事建筑工程生产一线的施工员（核心岗位）、质检员、安全员、资料员等技术与管理工作的高素质技能型人才。

第六节　校企合作共同开发高职测量专业校本教材

我校城建学院高级工程师李进带领"建筑教学团队"付盛忠高级工程师、陈新伟、熊平、付慜、李琪玲、张进忠、刘婷等人先后开发并完成了我校第一本校本教材《建筑工程测量》（2011年）、第二本校本教材《南方CASS软件工程中的应用》（2013年）。

一、契合需求、注重实用，校企共同编制校本教材

《建筑工程测量》（2011年）与《南方CASS软件工程中的应用》（2013年）是城建学院与广州测绘公司贵阳分公司、贵州黔正测绘有限公司等校企业合作单位在结合需求和实践教学的基础上共同编写的。其中南方测绘公司贵阳分公司吴勇、王增学两位工程师全程参与，贵阳黔正测绘有限公司郑周林工

程师共同商议编制大纲。

这两本校本教材打破了传统的理论教材的编写方式，是针对城市学院学生好动手，且动手能力强的特点，并结合学生的就业方向而编制的特色教材。《建筑工程测量》《南方 CASS 软件工程中的应用》教材广泛吸取了最新的测绘知识，其中选编了成地形图、成地籍图、软件与全站仪进行互传数据等现代测绘技术。对当前测绘技术使用的内页软件做出详细的讲解，并结合实际测量中的需要提供实际工程案例，以便于学生能顺利地和工作岗位接轨。《建筑工程测量》在内容上提倡精简，做到基本理论知识的适度，突出理论的思路、测量仪器的使用方法技巧和施工现场的应用方法，使学生容易从理论中领悟到自己的实践方式。更为重要的是，这两本校本教材中每节后均有结合实际的思考题和练习题，便于学生巩固理论知识，培养实际应用能力和动手能力。

这两本校本教材在开发的过程中，校企双方都非常重视其科学性、专业性与实用性。如《南方 CASS 软件工程中的应用》在内容上提倡精简，做到以项目教学法引入理论，突出理论的思路，软件使用的方法，成图的应用方法，既使学生巩固理论知识，又培养了学生实际操作的能力。

二、立足高职、产教融合，校本教材应用成效明显

高职教育的目的是为了给国家培养一批以德育为基础，专业技术能力过硬，动手实践能力强的高素质人才。我校结合教育部关于高职院校课程改革与提高人才培养质量的要求，结合我校城建学院学生学习基础相对薄弱，大部分的建筑测量类教材并不适用于我校学生更好地学习的实际情况，加大开发校本教材的力度，《建筑工程测量》（2011年）与《南方 CASS 软件工程中的应用》（2013年）就是取得的阶段性成果。

我校校本教材的编写依托企业的项目管理和实践经验，将实际项目知识点需求纳入教材中，并且在夯实基础的同时，每学年根据实际项目知识点更新校本教材。高职院校人才培养的模式就是培养学生的动手能力、实践能力。而我们学院编写的这两本校本教材正是符合了这一要求，且取得了一定的成效。2014年我校学生在"科利达"建筑测绘项目中获得国赛三等奖，实现了贵州省在测绘项目国家级技能大赛上"零"的突破。在贵州省组织的技能大赛中，我校学生在测量项目中取得了多次获奖的好成绩。

三、履职尽责、实践引领，提供优质课程资源保障

我校城建学院《建筑工程测量》（2011年）与《南方CASS软件工程中的应用》（2013年）两部校本教材的出台是根据学生的具体情况而编写的。从专业教师的角度上剖析，校本教材有利于专业教师进行知识点的疏导，结合自身项目实践经验，提升自我专业素养；从学生的角度剖析，校本教材结合我校学生实际情况更有利于学生的学习，因材施教。在校本教材的编纂过程中，专业教师通过参与校本教材的开发增强课程意识，提升专业素养，学生通过学习也可以对该课程知识进行更好地掌握，项目教学的形式提升了学生动手能力，增强了就业竞争力。这两本校本教材的编写给我校其他各专业教师起到了一个先锋模范的作用，让我校老师们积极探索和开发出更多更好符合学生、符合市场行业企业人才需求的校本教材，为我校培养重道德、懂感恩、善创新、乐奉献的高素质技术技能型人才提供专业而丰富的课程资源保障。

第七节　创业培训结硕果

贵州城市职业学院创新创业培训部带学生龙贵飞、岑兴元、李道祥参加了2017年7月30日上午9点在贵州大学北校区一号行政楼举行的决赛并获奖。

贵州省第三届"互联网+"大学生创新创业大赛以"搏击互联网+新时代，壮大创新创业生力军"为主题，从今年5月开始，历经一个月的校级初赛，后来又经过多名行业专家1个多月的省级复赛，从创新创业183个项目中，决出40个项目。我校机电学院的"收垃圾服务应用软件APP应用项目"被评为高职组优秀奖，把该项目简介收录进《"建行杯"贵州省第三届"互联网+"大学生创新创业大赛项目集》。本次获奖是省教育厅对贵州城市职业学院创新创业工作的肯定，同时也是对我们的鞭策，促使我们再接再厉。

我校这次参赛团队负责人龙贵飞，是我校二级学院机电学院的大二学生，他在班上同学中较有威信，除努力学习外，对各种公益活动积极参加，尤其是对新事物兴趣很浓。他经常带领同学岑兴元、李道祥积极主动去听校内各类讲座，他们三人对我校创新创业培训部举行的"大众创业、万众创新"的

系列讲座从不缺席，他们听课后，还不断提出问题与授课教师沟通交流，认真感悟创新精神。他们说，既然来到贵州城市职业学院读书，就不希望自己过的是平庸的生活，希望凭借自己的努力和能力，从低到高、从下到上，逐步成为出人头地、有所作为的人。因此，他们干大事的欲望较强，龙贵飞常说："弱者只能得到别人的同情，我一定要创新创业，干成一番大事，力争成为强者，做成功人士。"所谓创新，就是"想到别人没有想到的事"。他不但敢想，还敢于行动，经常找有关创新创业的书籍看，常把读书心得写在笔记本上反复琢磨。他的同伴岑兴元、李道祥都佩服龙贵飞是个言行一致的人。

就拿我校创新创业培训部在今年5月15日—17日举办的"互联网+"创业大赛指导培训班授课情况来说，龙贵飞他们三人每次都准时入座，全神贯注地看着PPT，专心地听创培部领导王丰对"互联网+"相关知识的讲解，在王老师讲的事例中，他们思考并归纳出要点，课后到办公室找王丰领导共同探索，对参赛的7个类型（信息、文化创意、商务、公益等服务）反复结合我校实际及本身实际进行推敲，并商讨达成共识，他们始终满怀激情和信心，为了实现自我价值的需要，他们渴望成功。龙贵飞、岑兴元、李道祥他们三人思考到绿色环保，绿色校园的问题，反复商讨后，他们决定创新，一定要搞出"智能垃圾箱"，方便对垃圾的处理。经不断创新改进，有志者事竟成，他们终于成功制作了"收垃圾服务应用软件APP"。

龙贵飞他们在大赛中获奖了，他们都深有感悟：成功离不开创新创业培训，是创新拓展了他们的思路，挖掘了他们的潜能。他们深信创新创业培训能更好地促进他们创业，他们有信心成为生活中的强者。

第八节　参加校外招聘会活动提升学生就业技能

贵州城市职业学院历来重视大学生就业创业的指导、促进与服务工作，从大学新生进校入学开始就关心和关注大学生的就业思想、理念和技能等教育和培养。在大学生的3年学历教育过程中，全力组织和安排大学生参与提升就业能力和职业素养的培训与锻炼，组织学生参加校外招聘活动就是其中一项具有现实意义和长远影响的培养学生成才的教育模式。

（一）大学生受挫教学实训活动

学院非常重视大学生受挫教学实训活动，除安排学生处组织假期的学生受挫应聘体验外，还指示就业处要利用政府搭桥举办的各种招聘机会组织学生去应聘体验，达到锻炼学生的目的。2014年以来，学院每年上、下半年，都会组织毕业生和在校生到贵安新区大学城管理委员会所在地，参加由贵安新区党工委政治部、贵安新区人才交流中心和贵安新区花溪大学城管理委员会（简称"贵安新区政府三部门"）为促进大学城高校毕业生实现高质量就业而举办的人才交流和毕业生招聘会。2016年4月28日，学院就业处在商务学院、教务处的支持和任课老师的配合下，就组织了2017届毕业生工商行政管理专业、工商企业管理专业和人力资源管理专业共3个班100余名学生参加贵安新区2016年春季人才交流暨花溪大学城高校毕业生就业招聘会。

1. 教学实训活动前的有关工作

首先，做好参加大学城招聘会的教学活动计划；其次，根据学院教学有关规定，办理调课等安排的手续；再次，在拟参加大学城招聘会的班级进行事前动员和参加注意事项及安全教育工作，向这些学生宣传举办方和学院的有关文件等通知精神；最后，就业处与拟参加大学城招聘会的全部学生签订校外教学实训活动安全责任书，明确校外活动学院组织责任和活动参与安全责任由学生自己承担和负责等事宜。

2. 具体参加大学城招聘会的教学实训活动

2014年上午10：00点，按照约定的统一出发时间，前往2016年上半年校外教学实训活动目的地——贵安新区大学城管理委员会所在地。出发前和在车上，同学们查看自己准备的个人简历并相互交流，对参加招聘会充满希望又怀有不安，因为他们大多数没有经历过应聘。到达招聘会现场，带队老师做简要提醒和说明后，同学们或三五成群，或两人一起，或个人单独地寻找专业对口、感兴趣的单位或喜欢的岗位，有少数和个别同学仍然感到胆怯，带队老师发现后，加以启发和引导，消除了这些同学的恐惧心理。在参加招聘会的过程中，大多数同学非常认真，有少数同学准备充分，从锻炼的角度，投递简历达20余份，即与20多家用人单位进行交流，有些事先只准备了2份简历的同学马上在现场又复印几份，只是想找更多的用人单位进行应聘交流和锻炼。

在参加招聘会的过程中，有些同学向带队老师表示，与用人单位进行交流后，感到自己受到了锻炼，非常高兴；感到自己原来只是对就业和工作充满理想，与现实存在差距；感到学院组织招聘会这种应聘教学实训活动非常好，希望学院今后多多组织类似活动；感到用人单位对工作人员的要求与自己的能力存在巨大差距等。同学们通过参加招聘会，无一例外都感受到自己人生接受了一次严肃职业生涯的初次考察和考验。

（二）践行对学生职业技能教育教学的培养

学院就业处已经作为部门工作职责内容进行明确，同时，对组织学生参加招聘会活动积累了经验，每次组织相应活动都如上述教学实训活动准备工作中的程序开展相应工作，以保证组织学生参加招聘会教学实训活动的顺利进行，学院组织学生参加招聘会的目的就是提升同学们的职业就业能力。

（三）参加人才交流招聘会活动的意义

政府出面举办的人才招聘会活动是有意义且安全有保障的活动，政府出面搭台，让用人单位与学生供需见面这样的好事，今后学院还会积极参与，而且从学生的感受可以看出，学生也非常喜欢参加这样有意义的教学实训活动，它对学生职业素养和技能提升的是非常有帮助的。因此，学院就业处在已经组织多次参加校外招聘会活动的经验的基础上，拟制定相关工作职责、程序和规范，使本项工作从指挥、组织和行为等方面更加科学化、规范化和实用化，为今后扩大组织更多的学生参与类似教学实训活动提供指导和规范依据。

第九节　城建学院体制机制改革与创新

贵州城市职业学院城建学院共有专兼职教师149人，其中"双师型"教师达70%以上；培养和指导学生参加技能大赛，取得国家级比赛第一名、第二名以及连续六年获贵州省高职院校建筑技能大赛总项第一的好成绩。学院积极推进校企联合、工学结合的办学模式，校内建有实验实训室和"实训工坊"，校外拥有65家公司作为实训基地，学院还承担贵阳市建设系统安全管理人员继续教育培训工作。

一、践行现代职教理念，积极探索学院改革创新发展

近三年来，城建学院按照学院董事会的科学部署，在学院党委与行政的坚强领导下，始终坚持以服务为宗旨，以学生为中心，紧紧依托贵州省、贵阳市，特别是贵安新区建筑行业背景，以校企深度合作为契机，承接学校下放的人、财、事权力，引企入校、校企共建城建学院。依托学校"优质教育、精细管理、强劲保障、有效督查"的建设思路，充分发挥学院办学主体功能，探索二级学院改革，推进学院管理权、人事权、财政权与考核权的深度改革与创新，在深入推进全面质量管理的进程中，逐步建立健全学院科学、合理、高效的运行机制，促进学院教学质量、人才培养质量与办学质量稳步提升。

二、推进全面质量管理，建立健全学院科学运行机制

（1）承接学校下放的管理权，构建学院管理运行机制。学院坚持贯彻党的领导，实行集体决策、院长负责制，学院党政联席会议是学院最高决策机构，按照民主集中制的原则讨论决定学院的重大问题。建立学院专业教研室、教学督导组，健全教学管理队伍，明确工作职责与任务，推行责任制，确保教育教学良性运行。

（2）承接学校下放的人事权，聚合学院发展内生动力。承接"职称评审推荐权""岗位聘用决定权""内部绩效考核权"等三项人事管理与绩效分配自主权利，最大限度地激发教职工的积极性、主动性与创造性。

（3）承接学校下放的财政权，依法依规高效使用办学经费。强化内部管理，健全财务管理体制。依照相关政策法规，制定适合学院各项财务规章制度。承接学校下放的日常经费、专项建设经费的使用与调配权。改进编制流程，建立预算管理体系，优化支出结构与资源配置，提高部门经费的使用效率。

（4）强化目标引领，完善绩效考核、问责与奖惩机制。制订学院绩效考核实施办法、年度目标，科学分解任务，把绩效考核结果作为晋升、评优评先等重要指标。建立问责制度，以及对学院各级各类领导干部和团队负责人的考核、奖惩、责任追究制度，建立包括罢免、引咎辞职在内的查处制度。建立奖惩制度，绩效考核优秀者，由学院给予奖励、表彰；不合格者由学院

党政联合依具体情况进行劝诫谈话或给予调职、降职、责令辞职或免职处分。

三、坚持改革创新驱动，深耕内涵全面提升办学质量

近三年来，城建学院在推进二级学院改革创新发展的进程中，积极承接学校下放的管理权、人事权、财政权与考核权，坚持改革创新驱动，特别注重把改革的力度、发展的速度与教职工的可承受度相统一，为其他二级学院在"十三五"期间深耕内涵、激活内生动力，全员、全过程、全方位助力学校"决胜升本"提供了可供参考且具有可操作性的"样板工程"。

（1）二级学院要切实履行质量主体责任，牢固树立与努力践行"质量是生命线"的理念，要认真贯彻党的教育方针，坚持立德树人、教书育人，认真履职、恪尽职守、追求卓越。

（2）二级学院要按照全面质量管理理论，强化学院增强内部治理能力与内部治理现代化的顶层设计，积极、主动、自觉地承接学校下放的管理权、人事权、财政权与考核权。

（3）二级学院要坚持目标、问题、需求与效果相融合的导向，科学制定年度发展目标，精细分解任务并落实到个人、团队，确保"层层压实责任，层层抓落实，层层出实效"，以高度负责的态度助力学校"决胜升本"工程稳步推进。

第十节　用心教育 让爱传递
——艺术学院党支部

一、背景介绍

2015年9月，田洪羽进入贵州城市职业学院，就读艺术学院环境艺术设计专业，江春艳老师担任该专业的班主任。在该专业的第一次班会课上，就引起了江春艳老师的注意。他个子高，体型消瘦，总是戴着一副黑框眼镜，很是斯文。整个班会过程中，他一个人坐在教室的最角落里，和其他同学不一样的是，他看上去稍显紧张，第一印象给人感觉没有活力，缺少朝气，不

愿与人交流。之后,班主任通过同寝室同学了解到,田洪羽在寝室很少与同寝室同学交流,甚至从来不刷牙、不洗脸,睡了半学期的被褥也从未换过,上完厕所也从不冲洗,这使得同寝室室友很是头疼。鉴于田洪羽情况的特殊性,班主任便把他的学校的情况通过电话反映给他父亲,后来他父亲透露,田洪羽从小学六年级就变成这个样子,并且情况越来越严重,后经医生诊断,确诊为中度抑郁症,他母亲为此辞去了工作,一心在家照顾他,但这么多年过去,他的病情一直没有好转。

进校以后,有一次,田洪羽说心情不好,想请假回家休息,班主任当时没有犹豫,立马同意了,批给他一天的假,随后,班主任把这事告诉了他父亲,建议他父亲如果有时间,可以到学校来和艺术学院的老师当面聊聊。不久,班主任接到了他父亲打来的电话,说他已经到学校大门口了,当我院老师赶到学校大门时,看到的是一个身材矮小,肩上斜挎着一个已经磨破皮的黑色小包的中年男子,此人正是田洪羽的父亲,最主要的是田洪羽父亲的右腿还稍有残疾,看上去,免不了会有些许心酸。在与田洪羽父亲的谈话中了解到,田洪羽小的时候是被奶奶带大的,父母长期不在身边陪伴,再加上父亲的腿脚不便,导致他从小就产生了自卑的心理,但是唯一值得父亲自豪的是,田洪羽从小画画特别好,有很好的美术功底。有一句话讲得好,上帝关闭一扇门的同时也为你打开一扇窗。田洪羽的性格腼腆内向,存在一定程度的自卑感,为了调动田洪羽的积极性,班主任建议田洪羽多参加班级组织的各项活动,如学院组织的"班班有歌声"歌咏比赛,校运会的"跳远"项目、班级的集体活动等。很快,两年时间过去,田洪羽现在已经能自愿参加各项活动,并能融入班集体,主动与同学交流,最值得骄傲的就是在2017年"第九届全国大学生广告艺术大赛"上,田洪羽设计的参赛作品通过与指导教师的不断交流、沟通,并多次修改完善,最终荣获贵州赛区三等奖。目前,田洪羽的思想比以前更加积极上进,和同学之间的相处越来越融洽,性格活泼开朗了许多,也变得积极乐观了。

二、实施过程

(1)鼓励学生积极参加各种校内外文体活动,不断提高其自信心,利用查寝及课外活动时间,与学生进行沟通交流,做知心朋友,了解学生生活、学习等方面的困难。同时，也培养学生学会交朋友，有心事向值得信赖的朋友倾诉并寻求解决途径的良好习惯。在与学生的沟通过程中，积极做好学生的心理疏导工作。

（2）引导学生学会正确沟通交流，建立和谐人际关系。在学习中、生活上一定要学会沟通交流，多听取老师和同学的意见；在班集体生活中，要学会打开自己的心结，把自己融入班级这个大集体中，学会和别人主动交流，从而营造快乐的校园生活。

（3）营造团结和谐的班级氛围。让班干部对田洪羽进行多方关怀，想办法与他进行交流。经过近一年的时间，田洪羽在这种温暖团结的班级氛围中，性格渐渐开朗，自信心也不断得到提升。作为班主任，只有一个想法，那就是一切为了学生、为了学生的一切，力争把班集体融汇为一个团结、和谐、温馨的大家庭。

三、案例启示

田洪羽因其从小不在父母身边长大，父爱、母爱缺失严重，再加上父亲的轻微残疾，形成了较为严重的自卑心理，性格内向沉默。他一直和奶奶生活，虽然生活上奶奶能够给予他关怀，但是因为两人存在较大的年龄差距，导致缺乏情感上的交流与沟通，遇到困难时，父母也不能及时给予帮助。当听到别的同学谈论自己的父母如何关心和疼爱自己时，他的心里充满了痛苦和自卑感，觉得自己是另一类人，无法同他人相比，总觉得低人一等。长期感受不到父母和同学的关爱，使他的人格、自尊严重受挫，渐渐产生自卑心理，最终形成了比较内向、沉默、独行独往的性格。进入大学前，田洪羽因为性格内向，各方面表现也不凸显，所以性格孤僻、内心自卑。

近年来，因缺少父母关爱而导致孩子在心理上受到挫折的现象屡见不鲜，由于种种原因，孩子往往沉默寡言，不主动与人交流，但是内心又不希望自己成为关注的焦点，所以心理上独自承受着巨大的压力。作为一名班主任，除了关注课堂纪律不好、学习成绩差、不遵守学校规章制度的问题学生之外，更要注意发现并关爱特殊家庭的学生成长与成才。因此班主任一定要学会情感沟通，和他们建立良好的师生关系，以倾听的方法让他们吐露自己的心声，寻找孩子身上的闪光点，引导他们学会自我欣赏，积极为他们创造表现的机会，彻底消除自卑心理。总体来说，班主任需要通过多种途径了解这类学生，并发挥班集体的力量，将学校教育和家庭教育相结合，让他们觉得处处有温暖。只要教师做好教书育人，以爱感知，我们相信，每一个学生都会成为社会的有用之才，并且这一份爱将会薪火相传。

第十一节　总结与展望

2009—2018年，我校积极参加了贵州省教育厅举办的"职业院校技能大赛"，共参加了土木工程、交通运输、电子技术、财经商贸、医药卫生、旅游服务、文化艺术、加工制造、信息技术、农林牧渔、学前教育类11个大类的34个比赛项目。9年的比赛下来，我们取得了一些成绩，现对以往的工作做出总结，以期进步。

（一）取得的成绩

（1）2009—2014年连续6年在贵州省建筑技能大赛上获奖数列居第一。

（2）教师组分别于2016、2017年获得护理技能大赛第一名；2014—2016年教师组CAD项目获得一等奖1项、二等奖3项；2017、2018年贵州省辅导员职业能力比赛获得三等奖，共计获奖教师8人次。

（3）学生组共荣获国家级获奖2项、省级一等奖近30项、二等奖50项、三等奖近90项、优秀组织奖数十余次的好成绩，共计获奖学生近220人次，优秀指导教师近150余人次。

（4）测绘项目在2013、2014年成功入围国赛，并在2014年获得国赛三等奖；电子商务技能、市场营销技能、互联网国际贸易项目在2017、2018年成功入围国赛，电子商务技能在2017年获得国赛三等奖。

（二）积累的经验

纵观多年参赛经历，我校能够取得这么多好成绩，与科学的决策和先进的理念以及严格的工作密不可分。

（1）领导重视、制度保障：校领导高度重视技能竞赛工作，积极支持学院开展学科与技能竞赛工作，并为广大师生更好地参与竞赛工作提供全方位服务。专门成立了"技能竞赛科"，先后制定并完善了与技能竞赛有关的规章制度，构建了"一体两翼"实践教学体系，即以应用技术为主体，技能训练与技能竞赛和双证书联动培养人才为两翼，学校从动员选拔，组织培训，课程协调，设备、后勤、经费保障，赛后总结等方面统筹实施，保证参赛质量。

（2）技能本位、特色发展：立足高职院校的教育教学根本出发点，结合我校实际情况，以技能为本位，打造城院特色。在参赛过程中，结合本校专业特色，突出品牌学科，着力优势项目，有计划、按程序加强实践教学，实现"一学院一品牌，一专业一赛事"。

（3）就业导向、服务学生：技能竞赛是手段而不是目的，要充分结合我校的教育教学宗旨——一切教学、竞赛活动都是为了提高学生的专业技能水平和核心竞争力。以就业为导向、以提升学生个人的专业技能水平为目的参赛，从应用的角度切入竞赛。培养学生、服务学生是我们的出发点和落脚点，"学好一门专业，掌握一项技能，成为未来职场精英，谱写人生美好华章"是广大教师和学子们共同的追求。

（4）面向一线、产教融合：产教融合是区域经济发展和产业转型升级的迫切需要，是高职院校发展的重要途径，也是培养高素质应用型人才的必然要求。我们始终坚持"校企合作、产教融合、工学结合"的办学指导思想。通过充分学习和了解贵州省的产业转型、技术改革，将新的生产、发展技术融合贯穿到教育教学，尤其是技能竞赛培训中，凝聚产教融合推进高校建设发展的共识，加强与企业的沟通与合作，不断强化实践教育环节，发挥"双师型"教师的重要指导作用，把产教融合贯穿于技能大赛始终，实现"学、赛、用"三位一体的全面结合，使学生毕业后实现零距离就业，几年来毕业生就业率始终保持在96%以上。

（三）展望明天

更加深入地开展竞赛工作，提高竞赛水平，巩固竞赛成果，发挥竞赛在职业教育中的重要作用，不断推动我校更进一步深入贯彻落实国家及省关于深化创新创业教育改革，进一步加强创新创业人才培养。总结昨天、立足今天、展望明天，我们都将以最诚挚的工作态度和最扎实的工作作风面对技能竞赛工作，因此，我们也有充分的理由和信心发展好、建设好、落实好城院的竞赛工作。"以赛促教、以赛促练、以赛促改"，我们一直在路上。

如今的城市学院经历了"建章立制、夯实根基"的初始创业时期，走过了"扩大规模、拓展外延"的规模发展时期,现在进入了"深耕内涵、追求卓越"的战略发展时期。特别是在习近平新时代中国特色社会主义思想的指引下,学院将转变办学理念,创新人才培养模式,实现内涵发展、特色发展,提升办学层次,努力探索和创新现代职业院校办学理念和治校方略。通过抓规范、重质量重构教育模式;重内涵、强管理,实施升本工程;做精品、创特色,创建一流品牌大学。

"雄关漫道真如铁,而今迈步从头越",在新时代背景下,我们将站在新起点,再踏新征程,在改革中求发展,在发展中求和谐,努力开创贵州城市学院更美好的明天!

第八章　文明树校构建和谐校园

　　贵州城市职业学院是2001年经贵州省人民政府批准成立，由贵州省教育厅主管，教育部备案，纳入国家统一招生录取的全日制普通高校。学校坐落在花溪大学城，新校区占地面积1500亩，总建筑面积50余万平方米，预计总投资15亿元人民币，在校生16000人。学院建校17年来为国家培养了20000余名毕业生。办学以来，学院始终坚持党的教育方针，严格遵循教育教学规律，牢固树立"安全立校、文明树校、特色兴校、创新强校、依法治校"的办学理念。结合学校实际，以思想道德建设为重点，以提高教育教学质量为中心，积极推行素质教育，大力营造安全文明和谐的育人环境。

第一节　领导重视，促进校园安全文明建设

　　健全的组织机构是创建安全文明校园的根本保障。学院党政领导高度重视，加强组织领导，成立了由学校党委书记担任组长，分管教学副院长及分管安全副院长为副组长，社科部、工会、团委、学生处、教务处、保卫处及二级学院党总支为成员组成的创建工作领导小组，制定计划，分解任务，明确职责，健全网络，完善机制。为推进安全文明校园的创建活动，我校在原有各项制度的基础上又特别制定了《贵州城市职业学院文明校园创建长期规划》《文明校园创建考评细则》《贵州城市职业学院文明教师、文明学生、文明班级评比条件》《文明示范寝室标准》等一系列制度。成立了"校园环境综合治理领导小组"，从党委书记、院长到学生，层层签订安全责任书。学院

党政领导坚持综合治理工作例会制度，坚持与教育教学工作同分析、同安排、同部署、同考核、同奖惩。学院还坚持属地管理原则，主动与当地综合治理部门、公安机关联系，寻求支持，积极配合所在辖区搞好校园及周边治安综合治理工作。

在应急救援方面，我校与花溪医院、贵州医科大学大学城医院开通生命通道，达成了生命通道就医协议，在就医协议中强调为保证学生生命安全，医院先行救治方式，减轻了学生就医过程中的诸多困扰，保证了学生基本病情的控制，没有因救治不到位产生严重后果，也没有因住院费用过多而困扰。

第二节　立德树人，提高学生文化道德素养

充分发挥党团作用，齐抓师生思想道德建设，开展党团员思想政治学习，深入开展德育教育、诚信教育等活动，同时注重学生心理健康教育，设立校级心理健康咨询中心，做好心理健康指导与服务。学校还独立设置马克思主义学院，组织思想政治理论课教学，制定思想政治理论课程建设规划，落实思想政治理论课专项经费，切实推行中国特色社会主义理论体系进教材、进课堂、进头脑。近年来，学校一直坚持与当地部队驻军保持良好的互通和共建，并形成了完善的军校共建模式。我校与驻黔95402部队就共建双拥示范单位和建立国防教育基地达成共识，并签订了双拥共建合作协议，把部队的光荣传统和良好的品格融入人才培养全过程，使广大学生真正做到"明礼知耻、崇德向善"。学校到部队驻地设立流动图书室，以丰富官兵们的知识文化生活，并为部队战士相关专业技能培训和获证提供服务；驻地官兵也在国防教育、学生干部素质培训等方面给予支持，通过军民共建活动，进一步推进双拥工作向前发展。近年来，学校积极开展国防教育、爱国主义教育、国家安全教育、民族团结进步教育和时代精神教育。对口帮扶、送温暖、素质拓展、节约环保活动等社团超市活动、运动超市活动、暑期社会实践、网络宣传等日常教育凝聚正能量，不断塑造向上向美的校园文明新风。学校还长期开展传统文化教育，通过建设校园文化墙开展道德讲堂等系列活动，加强传统文化教育，促进大学生树立正确的世界观、人生观和价值观，不断培养和塑造

他们优良的道德品质。

第三节　加强教育，推动安全文明校园工作

学院在校园文明建设方面，着力营造"三化"（绿化、净化、美化）工程，注重环境及卫生建设。对校园的绿化进行统一规划，利用广播系统、班级黑板报、学校网站、QQ 群、微信群等新媒体，营造浓厚的书香氛围。学生定期的公益劳动保持了校园环境卫生洁净，给师生员工提供了一个文明、整洁、绿色的学习生活环境。同时每年举办主题活动，开展包括专业、体育、娱乐、演讲、表演、讲座等活动，90% 以上的学生积极参与，丰富了大学生的校园文化生活。开展"遵守校纪校规""珍惜生命，关注安全""遵纪守法，远离犯罪""文明诚信""珍惜生命，远离毒品""消防安全""交通安全""防溺水"等主题班会。建立完善卫生检查考评机制以及食堂、宿舍安全管理，每学期组织一次文明教师、文明学生、文明班级评选活动，以增强师生文明意识，使文明创建活动得以在我校纵深发展。每年组织消防灭火演练、紧急疏散演练、自然灾害紧急演练，增强师生的自护自救意识和能力。同时，学院加强与家长的联系，社会、学院、家庭三管齐下，为青年学生健康成长创造良好的社会环境。文体卫生医疗保障到位，在各项文体活动的开展当中，场地备案登记、应急救援保障到位。

第四节　制度引领，强化安全工作防范措施

学校始终坚持实行预防为主，切实加强校园安全文明的管理工作，使学校在安全文明工作中体现出"领导重视，制度健全，措施得力，效果显著"的特点。

坚持依法治校，加强防范。对重点、要害部位落实预防措施。全院各个建筑楼均配齐灭火器，并保证器材的正常使用。教学楼、宿舍楼全部配齐指示灯、应急灯及疏散标志牌。在全院范围经常性开展安全检查，特别针对学生宿舍的消防安全和用电安全，定期检查用电线路、消防设施，发现问题及

时整改。

建立健全安全、稳定、保卫、保密等工作制度，完善学校突发事件工作预案及处置规程，落实各类突发事件快速反应机制，定期开展重点场所防火、防盗、防爆检查，设备设施管理到位，人防、物防、技防联动，推进大学生安全教育进课堂，定期开展逃生等防灾演练活动。

学校建立了数字化校园管理系统，在全院范围安装了校园"一卡通"管理系统。在学生宿舍管理方面实行了学生进入宿舍打卡制度，以便辅导员、班主任及时掌握学生的住宿情况，并督促学生返回宿舍。

学校加强了校园安全管理的力度，保安员24小时对校园进行巡逻，学生卫校队在校园内巡逻执勤。确保了校园安全。

2014年10月，为维护校园安全，提高学生安全意识，学校专门成立了一支学生应急分队，30多名学生应急分队成员利用课余时间在专业安防人员指导下进行专业安全技能培训，业余时间学校操场、大门处都能看到他们刻苦训练的身影。这支应急小分队还主动承担起了安全知识的宣导、学校应急救援等工作，为学生良好安全意识的形成树立了榜样和标杆。

第五节 警钟长鸣，构建安全文明长效机制

由于学院高度重视安全文明校园建设，管理严格、责任落实、措施到位，确保了校园的安全、稳定、和谐。多年来学院未发生恶性案件、群体性事件和安全事故。

学院在创建安全文明校园中做了大量工作，取得了一定的成绩，保障了学院的安全稳定，走出了一条以文明校园建设促安全校园建设、以安全校园建设促学院发展的新路。

2016年6月获得贵州贵安新区花溪大学城第二届"安康杯"知识竞赛组织奖；2016年6月获得贵州贵安新区进度知识竞赛组织奖；2016年9月参加全省消防宣传进军训暨首届高校（校际）消防技能大比拼活动荣获最佳团队奖；2016年11月我校申报的《大学生思政工作实践平台建设》荣获2016年全国民办高校学生工作创新成果评选三等奖；2017年2月我校付盛忠副院长，因工

作成绩突出，被评为2016年度全省学校安全教育管理综治工作先进个人等荣誉。2018年3月我校荣获贵州省教育厅、贵州省公安厅、贵州省文明办等单位授予的"安全文明校园"称号。一系列成果的取得，让我们更加坚定了继续加强校园安全文明教育管理力度的决心。以教育部，省教育厅创建安全文明校园活动为契机，把校园的文明、安全、稳定工作做得更好，推动我院各项事业又好又快向前发展。18年风雨沧桑，18年灿烂辉煌，如今的贵州城市职业学院又站在了新的起跑线上，"雄关漫道真如铁，而今迈步从头越"，要铸就新的辉煌，任重而道远，必须警钟长鸣，构建安全文明长效机制，始终坚持安全为立校之本、文明为树校之风。我们坚信明天的贵州城市职业学院将会成为贵州大地上的一颗璀璨明珠。

第九章　改革创新办学特色凸显

第一节　学校党委工作特色

一、贵州城市职业学院党建工作

根据学院2016年党建和思想政治工作要点，学院坚持"围绕中心抓党建、抓好党建促发展"的思路，团结带领全院师生员工解放思想、抢抓机遇、真抓实干，以重点突破带动整体发展，推动学院事业快速发展。

（一）加强政治理论学习　提高综合素质

1. 加强政治理论学习

把理论学习摆上突出的位置扎实抓好，深入学习贯彻党的十八届三中、四中、五中全会精神和习近平总书记系列重要讲话精神，以及习近平总书记关于意识形态工作、高校党建工作重要指示精神，分层次、有重点地开展学习教育活动，通过党支部学习、上党课、听辅导报告、参加专题研讨等多途径、多层次、全覆盖的理论学习体系，做到学而信、学而用、学而行。每位党员要认真研读《习近平谈治国理政》《中国共产党普通高等学校基层组织工作条例》《关于新形势下党内政治生活的若干准则》《学习习近平总书记一系列重要讲话精神》《中国共产党党内监督条例》《进一步加强和改进新形势下高校思想政治工作的意见》等，各级领导干部要带头学习、带头授课，带动党员的理论学习。引导广大党员进一步增强改革开放意识、奋发进取意识、机遇责任意识，进一步用"全会"精神和讲话精神武装头脑、指导实践、推动工作。

2. 扎实推进学习型建设

一要坚持正常的学习制度，保证学习任务的圆满完成。二要创新学习方式方法，形成浓厚的学习氛围，不断增强广大党员干部学习的自觉性。通过制作宣传栏，印发"学习卡"，以及利用远程教育平台、微博微信等现代信息手段组织开展学习，进一步提高党员干部的理论和业务素质。三要加强对学习的组织领导，做到有组织、有计划、有检查、有评比，确保党员学习的正常有序开展。

3. 凝聚共识，加强党性修养

以高度的思想和行动自觉，加强党性修养的理解和教育，培育党员干部对党绝对忠诚的政治品格，教育引导党员干部忠诚信仰、严于律己、勇于担当，认真学习并自觉按照党章、党内政治生活准则和党的各项规矩办事。进一步把握党建的特点和规律，努力把学习成果转化为推动党建工作的新思路、新举措，转化为服务基层、服务群众的实际行动。

（二）全面从严治党 加强学校党的建设

1. 党的建设

（1）加强思想政治建设，充分发挥党委的核心领导作用。

党委班子是带动学院改革、建设和发展的"火车头"。院党委要坚持以马克思主义、毛泽东思想、邓小平理论和"三个代表"重要思想为指导，以坚持党的教育方针为主线，以树立和落实科学发展观为重点，始终把班子思想政治建设摆在首要位置，增强领导班子科学判断形势的能力。院党委要充分发挥领导核心作用，保证和监督党的路线、方针、政策在学院工作中得到贯彻与落实。院党委是学院的领导核心，学院各项工作要自觉置于党委领导之下。院党委要始终坚持党的群众路线，一切为了群众，一切依靠群众，党委成员要牢记全心全意为人民服务的宗旨，坚持服务师生员工，深入基层，深入教学、学管第一线，深入到群众中去，倾听呼声，发现问题，解决问题，推进工作，建立领导班子成员定期接访制度、听课制度和班级联系制度。

（2）抓好支部组织建设，落实好发展党员工作。

按照"坚持标准，保证质量，改善结构，慎重发展"的方针及中共中央的有关规定，参照党员工作实施细则，主动做好发展党员工作。本年度计划推荐150名优秀的青年团员成为入党积极分子，严格入党对象的培养、考察、教育，做到成熟一个发展一个，计划发展100名重点对象入党。加强对预备党员的教育管理，及时做好预备党员的转正工作。

根据以往学院的工作惯例，对各党支部的主要工作做出如下的安排：

一月份：制定党支部工作计划；做好党员发展工作，13级与14级的班主任进行推荐，对拟推荐的人选进行函调并准备预审材料（推荐的条件：思想表现好；为班级、各二级学院做出过贡献；一般学生学习无挂科现象，班干部或院学生会、团委的干部允许挂一科；曾经被团委推荐为优秀团员；重点培养的时间一年以上，包括一年）。

三月份：组织党员学习《科学发展观》内容，边学习边交流；配合学校党委组织部及院党总支做好党员发展工作，并召开支部大会，对被推荐人选进行表决；心翔社的招新工作，吸收一批优秀的成员充实社团组织。

五月份：心理健康日活动。学院党校组织开展大型的主题活动及开展各二级学院文化品牌活动。

六月底：一是召开支部会议，对公示后合格者进行正式投票，根据投票结果初步决定是否被党组织接纳。支部投票结果按参会正式党员的人数决定，超过三分之二票者视为合格，不够三分之二者视为不合格。通过支部大会投票的结果做最后决定；二是2015年预备党员转正；三是推荐新的发展人选，提前对其进行重点培养。

九月份：教师节庆祝活动；对新生进行入学教育；动员新生积极要求进步，适时递交入党申请书。

十月份：为已递交入党申请书的入党积极分子进行党课培训；结对工作反馈。

十二月份：完成本年度吸收新党员发展工作，并组织各支部召开支部大会，讨论选举各支部推荐优秀共产党员、优秀党务工作者名单，各支部提交推荐结果报到学院党委办公室，最后提交党委讨论决定本年度优秀共产党员、优秀党务工作者名单。

（3）组织党建系列活动。

积极开展党性、党风、党纪教育，开展以党建为主的一系列活动，健全完善廉政建设监督制度，规范从政、从教行为，办人民满意的教育。坚持"三会一课"制度，认真开展每学期一次的民主生活会，召开专题组织生活会。党员个人做自我剖析，按照准备好的分析材料逐个进行对照检查，开展批评和自我批评，并在教师中进行民主评议、党员互评。对民主评议满意度低于

50%的党员，党组织要引导深入找差距，做自我检查和自我批评。抓好入党积极分子培养和党员发展工作，按照"坚持标准、改善结构、慎重发展"的方针，重点在中青年教师中发展党员。对思想比较成熟，基本具备党员条件的积极分子，适时接纳到党组织中来。

2. 党员队伍"两学一做"

组织开展"两学一做"集中学习活动，组织支部党员、预备党员、部分入党积极分子开展"两学一做"专题学习活动，主动带头开展党员手抄党章活动，组织开展"两学一做"知识竞赛和演讲比赛等活动，使"两学一做"在支部中形成常态化学习模式。

接受广大教职工和学生的监督，认真落实"两学一做"中做合格党员的要求，把发挥党员模范先进作用作为支部建设和党建工作的重点，开展带党徽、手抄党章活动，并把做好本职工作作为评价合格党员的标准。

3. 教师队伍建设"四有三者"

（1）开展学习讨论活动。组织领导干部开展一次"争当好干部"专题学习交流；组织一次查找问题专题会议；党委结合理想信念教育，组织党员干部、教师学习习近平同志在全国组织工作会议和全国"两会"上的讲话精神，引导党员、干部对照好干部20字标准，开展"争当'两为'好干部，争做'四有'好教师"征文比赛，年终进行"两为"和"四有"好教师的评选。

（2）开展调研访谈活动。党委安排党员领导干部、教师，结合自身工作，带着感情、带着责任、带着课题开展大调研活动，掌握新形势下做好教育工作存在的新情况新矛盾新问题，推进"争当'两为'好干部，争做'四有'好教师"活动深入开展。

（3）开展查摆反思活动。党员干部、教师认真对照好干部20字标准，深化对马克思主义群众观的认识，树立改进作风、整改问题不能等的思想，以直面问题的勇气、求真务实的态度、真转真改的决心，把自己摆进去，认真查找、梳理自身存在的突出问题，边学边改，边查边改。

（4）开展典型示范活动。要注意发现、培树代表性模范人物，主动挖掘身边那些默默无闻、不求回报、淡泊名利的先进典范和模范人物。主动开展向身边的榜样学习的专题活动，用身边的好人好事、先进典范教育引导党员、干部，让广大党员、干部学有榜样、赶有方向、追有目标。

4.党风廉政建设

建立健全规章制度，以制度管人管事，深入开展党务公开工作，坚决执行党组织议事规则，凡应公开内容都要做到阳光操作，公开透明，各党组织要充分发挥保证监督作用。加强教育系统纪律作风建设，对不遵守作息时间、上班时间打麻将、上网游戏、玩扑克、中午饮酒、乱定教辅资料、乱收费、课堂不认真讲课、课后乱补课等行为明察暗访，严肃处理。继续开展廉洁文化进校园活动，加强廉洁自律，整治腐败现象，加大对违反师德行为的查处力度，做到有举必查，查实必处。打造为民务实清廉的党员干部教师队伍，营造风清气正的良好环境，树立教育的良好形象。

（三）全面落实高校思想政治工作

学校政治思想工作是学校工作的重中之重，由学院党委主抓，学院党支部、行政、群团组织大力配合，通力协作。学院要成立以党支部、行政、工会、团总支、班主任组成的政治思想工作领导小组。学院党委书记任组长，负责全面工作；各二级学院党支部书记任副组长，分别负责全院师生的政治思想工作；其余为成员，负责抓好校风、教风、学风和班风工作；各班班主任负责本班学生的政治思想、道德品质工作。

（四）学校安全和综合治理工作

在学院党委直接领导下，切实加强学校安全和综合治理工作的领导和管理，深入贯彻落实上级有关的工作文件、会议精神和要求，按照相关法律法规的规定和要求，认真履行安全和综合治理工作岗位职责，具体做到以下几点。

（1）要积极开展"创安"活动。学院按照中央综治委、教育部、公安部《关于深入开展安全文明校园创建活动的意见》和《教育部关于在全国中小学开展和谐校园创建工作的意见》要求，积极开展创建"安全文明校园"活动。要认真落实有关工作，做好防火、防盗、防爆、防治安灾害事故工作，落实人防、物防、技防措施，切实搞好学院的安全保卫工作，确保不发生刑事案件和治安灾害事故。

（2）要提高师生的法制观念和综合治理意识。要加大普法教育和综合治理宣传力度，提高学院广大教职工、学生的法制观念和综合治理意识。要组织广大教职工学习了解《教师法》等法律法规，不断地提高教职工的法律意识，使广大教职工能以良好的精神面貌投入到教学工作之中，教职工无违法犯罪。

（3）要正确处理内部矛盾。学校要认真开展矛盾纠纷排查调处活动，及时化解各种纠纷，把各种不安定因素解决在基层、消除在萌芽状态。

（五）加强群团工作及统战工作，为学校事业发展凝聚正能量

（1）加强统战工作，密切与民主党派和党外教师的联系。充分发挥民主党派教师的参政议政和民主监督作用，主动听取学校民盟、农工民主党及党外人士的意见和建议，充分调动他们的工作积极性，共同做好学校各项工作。

（2）围绕党建促团建，加强对团工作的领导。认真做好团员发展工作；以纪念日、节庆日等为契机，开展扎实有效的主题教育活动；完善有关机制，推进社团建设，打造精品社团，开展积极向上、形式多样、实效明显的社团活动。围绕学生党员发展做好推优工作。

（3）支持教代会和工会工作，维护学校发展大局和教职工合法权益。召开相关专题会议，做好教代会有关筹备工作；适时召开教代会进一步集聚民智、汇聚民力，增强全体教师的主人翁责任感；围绕新校区建设、新老校区平稳过渡和有关制度修订完善等学校改革发展重大事项，广泛听取代表们的意见与建议。积极支持工会工作，畅通民意表达渠道，及时化解矛盾，促进和谐团结，开展丰富多彩的文体生活，关注教职工身心健康，构建和谐校园。

（六）活动安排

序号	活动项目	活动主要内容	活动要求	活动时间
1	政治理论学习	支部组织集中学习、党员自学（党的十八大精神，习近平系列讲话及视察安徽重要讲话、党章、党规等资料）	全体党员认真自学，自学笔记记录完整	全年
		学习心得体会	全体党员	全年不得少于3篇
2	三会一课	党员大会（其中各1次民主生活会，党风教育）	全体党员	年度不少于3次
		党小组会	小组成员	年度不少于3次
		党课党委委员至少一次	全体党员	每年不少于2次
3	党员活动	服务群众，征求意见，召开座谈会	全体党员	4—12月
		党员组织道德学习教育	全体党员	5—6月
		党员"迎七一"系列活动	全体党员	7月

续表

序号	活动项目	活动主要内容	活动要求	活动时间
4	党员大会	上半年党建工作总结	全体党员	6月
		党课教育	全体党员	5.10月
		组织生活会及组织活动	全体党员	10月
		党员发展等	全体党员	全年
5	争先创优	围绕党建工作计划，开展学先进、学党的理论	全体党员	全年
		开展党员示范岗责任区引领作用	全体党员	全年
		利用新媒体加强信息上报等工作	全体党员	全年

二、贵州城市职业学院党建工作总体规划

根据中央组织部、教育部党组关于加强民办高校党的建设工作的若干意见和有关文件规定，为进一步加强和改进我院党建工作做了2016—2018年党委工作规划。

（一）规范学院党组织设置，明确党组织职责

建立健全学院党组织。根据党员人数和工作需要，学院设了3个党总支和6个党支部：城建学院党总支、商务学院党总支、医护学院党总支；机关党支部、机电学院党支部、艺术学院党支部、预科学院党支部、体育学院党支部、大数据党支部。

明确党组织的主要职责。①宣传和执行党的路线方针政策，执行上级党组织的决议，坚持社会主义办学方向和教育公益性原则，致力于培养社会主义建设事业的各类人才；②引导和监督学校遵守法律法规，参与学校重大问题的决策，支持学校决策机构和校长依法行使职权，督促其依法办学、依法治校、规范管理；③支持学校改革发展，及时向上级党组织和政府职能部门反映学校的合理要求，帮助解决影响学校改革发展稳定的突出问题；④全面加强学校党的思想、组织、作风和制度建设，做好党员发展、教育、管理、服务工作；⑤领导学校思想政治工作和德育工作；⑥领导学校工会、共青团、妇联、学生会等群众组织和教职工代表大会；⑦做好统一战线工作，支持校内民主党派的基层组织按照各自的章程开展活动；⑧完成上级党组织交办的其他任务。

（二）加强校党组织领导班子自身建设

我校党委书记有待政府部门委派，党委委员设5人，按照"政治思想好、党务强、业务强"的"双带头人"标准配齐3个党总支和6个党支部书记，"双向进入、交叉任职"做好党支部工作建设的同时，抓好辅导员、班主任的培训、监察、指导和学生管理及安全工作。

（三）抓好党务干部和党员队伍建设

各支部都设立了组织部、宣传部和纪律督查部，加强党务干部经常性教育培训，党支部书记必须参加任职培训。建立健全党务干部教育培训机制，积极慎重做好发展党员工作。强化党员的教育管理，严肃党内组织生活；严格执行"三会一课"、党性定期分析、民主评议党员等制度。开展党员志愿服务、结对帮扶等社会实践活动，发挥先锋模范作用。认真做好党员组织关系转接工作和党费收缴工作，规范党费收缴、使用和管理。

（四）加强和改进思想政治教育工作

把中国特色社会主义核心价值体系融入我校思想政治教育全过程。理直气壮坚持马克思主义指导地位，深入推进中国特色社会主义理论体系和习总书记的系列重要讲话精神，治国理政新理论、新思想、新战略进教材、进课堂、进头脑。坚定中国特色社会主义道路自信、理论自信、制度自信、文化自信，坚持正确的政治方向，自觉培育和践行社会主义核心价值观。设立思政部、基础部、党办、党校、团委、学生处、学管处及各二级学院党支部等部门负责教师、学生的思想政治教育以及心理健康教育。建立以学校党政干部、思想政治理论课教师、辅导员、班主任和心理健康教育工作者为主体的思政工作队伍，开展学生思想政治工作。

（五）维护学校安全稳定

健全维护学校安全稳定工作机制和安全稳定工作的督导检查。加强学校安全稳定的基础工作，积极发挥各党支部在维护安全稳定中的作用，建立完善维护安全稳定的基层组织网络。健全安全稳定工作责任制、矛盾排查机制、信息报送制度、突发事件应急处置机制，及时化解苗头性、倾向性问题。加强对学校全体师生的法制宣传教育，提高守法自律意识。规范学校日常管理，配合有关部门加强学校及周边治安综合治理，维护学校正常的教学、工作和生活秩序。

严格落实维护安全稳定责任追究制。建立安全稳定工作责任制度和工作制度，逐级签订责任书，完善安全稳定工作责任体系。党委要加强对学校安全稳定工作的督导检查，对成绩突出的予以表彰；对思想不重视、工作不得力的限期整改；对不认真履行职责，没有及时解决责任范围内的安全稳定问题，造成不良影响和严重后果的，要追究相关责任人的责任。

（六）加强立德树人工作的策划与实施

制订学生思想政治工作规划及切实可行的立德树人工作实施细则。

第二节　思想政治工作特色

坚持立德树人的根本使命，抓好思想政治工作是关键。因此，贵州城市职业学院在长期的思想政治工作中，不断创新和探索，形成了独特的思想政治工作新模式。

一、我院思想政治教育工作的体制和机制

立德树人是贵州城市职业学院的育人之本，是思政工作的中心环节。突出和围绕这一重中之重，我院推出了以下五项举措。

1. 党政齐抓共管，构建思想政治教育工作联动机制

贵州城市职业学院党委把方向、管大局、做决策、保落实，牢牢掌握思政工作主导权，坚持不懈培育优良校风和学风，使学校发展做到治理有方、管理到位，在学校承担管党治党、办学治校的主体责任，在党委和行政的分工中，明确党委书记和校长是立德树人、教书育人的第一责任人，明确1名党委副书记、1名副校长分管思想政治工作，建立健全各二级学院和基层党团组织，创新体制机制，改进工作方式，广大师生党员在党爱党、在党言党、在党为党。编制《2016年—2018年贵州城市职业学院思想政治工作规划》，提出思政工作总体思路：把牢社会主义办学这"一个方向"，围绕学生和老师"两个主体"，实行学校党委、中层党总支（党支部）、基层党支部"三级联动"，抓好课堂教学、思想政治理论课程建设、校园文化建设和网络建设"四个重点"。近几年来，贵州城市职业学院党委机关党支部（2012年）、城建学院党总支（2011年、2012年、2015年）、商务学院党总支（2017年）先后被贵州省委教育工委评为"优秀基层党组织"或"五好基层党组织"，学校党委

副书记王时芬同志2016年被省委教育工委评为"优秀党务工作者"。

2.组建马克思主义学院,强化课堂教学主渠道作用

为促进思政课在改进中加强、提升思政教育亲和力及针对性,满足学生成长发展需求,2017年贵州城市职业学院整合原有的思政部和社科处,组建了马克思主义学院,这是我省民办高校第一家,《光明日报》等多家媒体进行了适时报道。学院通过顶层设计,马克思主义学院主导、教务处协调、各二级学院配合,进一步强化课堂教学主渠道和道德讲堂主阵地的作用,使各类课程、讲座与思想政治课同向同行,形成协同效应。马克思主义学院坚持集体备课,加强教学观摩,提高教学质量,为学生成长奠定科学的思想基础;坚持不懈培育和弘扬社会主义核心价值观,引导广大师生做社会主义核心价值观的坚定信仰者、积极传播者和模范践行者。马克思主义学院虽然是教学单位中的"新面孔",但在坚持党的领导和贯彻党的教育方针,为人民服务,为中国共产党治国理政服务,为巩固和发展中国特色社会主义制度服务,为改革开放和社会主义现代化建设服务上做表率、走前列。

3.实行学生工作量化目标管理,推进思想政治工作的实效性

贵州城市职业学院学生工作的宗旨是"围绕学生,关照学生,服务学生,使学生学有所成,业有所就,全面发展"。在多年的学生工作实践中,贵州城市职业学院总结提炼出来的"教、管、奖、贷、勤、减、免、补"8字箴言涵盖了学生工作的各个方面,简单易记,入耳入脑,使做学生工作的同志耳熟能详,从而增强了工作的自觉性和计划性。贵州城市职业学院的学生工作纳入量化目标和绩效管理项目,并在实践中不断丰富和完善,形成了安全率、到课率、教室卫生清洁率、升本率、就业率、缴费率、还贷率、"万人早操"参与率、处分率等量化考核指标,并按轻重缓急排序,体现不同的分值权重,把学生工作"评"先进改革成"量"先进,把"软指标"变成"硬约束",细化具体措施,建立长效机制,在实际工作中有很强的操作性和指导性,是学生工作的创新尝试。

4.狠抓就业民生工程,推动毕业生就业工作上台阶

诱发学生心理忧虑、心理危机和心理疾病的多种因素中,未来就业的不确定性是一个重要因素,回避就业压力心理甚至恐惧心理在学生中有一定的普遍性。为贯彻习近平总书记"培育理性平和的健康心态,加强人文关怀和心理疏导"的指示,贵州城市职业学院强调两个"一把手"工程,即就业工作,

由党政"一把手"亲自抓,通过分管领导、职能部门和各二级学院三级联动,狠抓就业落实,多年来毕业生初次就业率保持在省内高校平均值以上。初次就业率统计:2014年97.39%(全省平均88.05%),2015年97.24%(89.07%),2016年96.53%(90.88%),2017年96.24%(90.89%),受到社会的广泛关注。

5.安全稳定措施得力,安全文明成效显著

学校成立了安全稳定工作领导小组,并制定了一系列校园安全稳定工作方案及预案。目前已建立健全了人防、物防防控体系。学校保卫处、学管处全天24小时值班,并在重点部位布防。近三年在教育厅组织的校园及周边治安综合治理目标管理工作检查考核中考核分数分别为2015年96.8分,2016年99.2分,2017年99.5分,成绩稳步上升。2018年2月,学校被贵州省综治办、贵州省公安厅及贵州省教育厅授予"安全文明校园"。

二、贵州城市职业学院思政工作特色

高校思想政治教育工作意义重大,关系着广大青年学生的健康成长,关系着国家和民族的前途与命运。自建校以来,我校十分重视思想政治教育工作,秉承着城院人特有的执着信念和朴实情怀,以扎实严谨的工作作风,科学有效的工作举措,保证大学生思想政治教育工作"落地生根",使我校思想政治工作呈现出创意频频、生机勃勃的新气象。十七年风雨洗礼,十七年春华秋实,十七年辛勤耕耘,我校逐步建立起一套具有城院特点的思想政治教育理论和方法。

学院及思政教育相关部门坚持每年底进行年终总结,不断积累经验,创新思想政治教育工作机制,努力提高我院的思想政治教育工作水平。为此,学院党委创新工作模式,结合学校实际情况制定了《贵州城市职业学院全员育人指导手册》开展全员育人,做到学生人人有导师,教师人人带学生;以三大"超市"(运动超市、社团活动超市和实训超市)和三大讲座(人文讲座、专业讲座和创业就业讲座)为载体实施全过程育人;通过家校共建、校校共建和军校共建实现全方位育人。为大学生思想政治教育工作创建了良好平台,给全体学生成长成才营造了良好的学习环境。

(一)围绕"立德树人"根本任务,深入开展学生党建团建工作

我校党政领导高度重视思想政治教育工作,认真贯彻落实中央和省委关于加强和改进高校思想政治教育工作的有关意见,全盘谋划,不断改革创新

思想政治教育工作，协力构建思想政治教育工作新格局。

1. 以立德树人为核心，坚持思想政治教育为引领，以大学生党建为抓手，提高大学生的思想政治素质

众所周知，当前"90后"大学生普遍存在信念缺失、意识薄弱：对党的知识了解贫乏等实际问题。因此，我校每学期都会开展业余党校培训活动。培训活动主要由学生自我学习、主题讨论和社会实践等环节构成，辅导教师全程跟踪指导（辅导教师都是党办精心挑选的优秀党员教师），整个培训过程充分发挥学生的主观能动性。通过"滴灌式"教育，将党的教育时间提前、范围扩大，有效帮助学生构建正确的理想、信念和价值观。目前业余党校培训已举办10期，培训学员达10000人，培训效果良好，受到了学生的普遍好评。2009年至今有5000多名学生向党组织递交了入党申请书，有700多名学生光荣地加入了中国共产党，他们在学习和生活中充分发挥了共产党员的先锋模范带头作用。

与此同时，我校定期开展道德讲坛活动，邀请老党员、老专家来校开展主题讲座，传递新时期社会主义核心价值观，传递勤奋敬业专注的工匠精神，传递我国传统文化精神。目前已经成功举办6期，获得了全体学生的普遍认可。2017年11月19日，《贵州日报》还专门刊登了我校"十九大精神进校园"宣讲活动，可见我校思想政治教育工作的影响力。

2. 深入开展党建、团建工作，增强思想政治教育工作的活力

我校十分重视学生党员发展工作，坚持按照党章规定发展党员，做到成熟一个才发展一个，重视对发展党员的过程培养，确保发展学生党员的质量；不断改进和完善支部建设，扩大党支部对学生的影响力，目前我校共设有3个党总支，4个党支部，其中城建学院党支部、机关党支部和商务学院党支部分别在2012年、2015年和2017年获得贵州省高等学校"五好基层党组织""优秀基层党组织"荣誉称号，学院党委副书记王时芬同志（主持工作）2016年被省委教育工委评为"优秀党务工作者"；坚持在各类骨干中发展党员，通过充分发挥学生党员在学生群体中的示范带头作用，将对学生的思想政治教育落到实处。

一直以来，校团委在校党委、团省委的指导下，不断健全机构、完善制度，拓展舞台，取得了一定的成效，极大地提高了我校学生的综合素质，使得他们在活动参与中得到了锻炼与成长。校团委采用分团委—各二级学院团

总支—班级团支部三级管理制，重视和强化班级团支部工作，狠抓团干队伍和团员队伍建设，加强团员意识教育，充分发挥团员的模范带头作用。目前我校团青比已高达95%以上，拓宽了团工作的覆盖面和影响力，我校孔玉林书记还荣获2015年贵阳市"优秀共青团干部"称号。

（二）构建"三全育人"工作格局，尊重学生个性，激发学生潜力，启迪学生智慧

1. 实施全员育人，做到教师人人带学生，学生人人有导师

面对当前大学生的新变化和新特点，我校始终坚持并不断强化思想政治教育在学生思想发展中的主导作用。在校党委的领导下，我校构建了各部门积极配合、学生处与二级学院齐抓共管的学生教育管理机制，并充分调动任课教师、行政管理干部和工勤人员的积极性，形成行政管理干部育人、任课教师教书育人、工勤人员服务育人的格局。2017年9月，我校制定了《贵州城市职业学院"全员育人导师制"实施方案》，方案规定每名任课教师或行政管理干部分别担任2~3个寝室的德育导师，从生活上、思想上、心理上、行为上给予学生指导和帮助。德育导师制增强了任课教师和行政管理干部的责任感和荣誉感，改变了以往任课教师只管教不管导、行政管理干部只从事行政工作的状况，使任课教师及行政管理干部的育人责任明确，真正落实"人人育人"，这也是我校思想政治教育工作实效性和创新性的举措之一。

制定三全育人实施细则

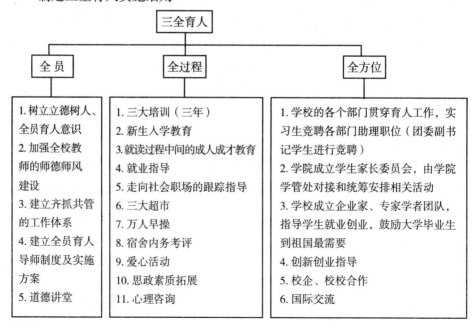

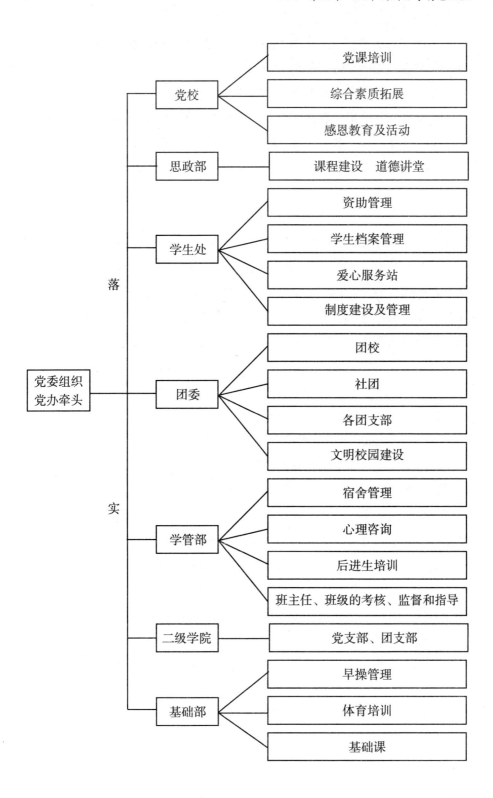

2. 以"三大超市""素质拓展"和创业创新为载体实施全过程育人，推动大学生综合素质的提高

其一，整合"社团活动超市"，推进素质教育。

我校大力推进素质教育，以社团为载体，开展丰富多彩的校园文化，融思想政治教育、人文素质教育于各类活动中。学校现有社团组织共64个，涉及文艺类、公益类、体育类、文化类和专业类。社团联合会本着"社社有规划、团团有活动"的原则，以"多样化、系列化、品牌化"为目标开展一系列活动。学生在各类活动的参与中塑造了品德、培养了兴趣、发展了特长，也取得了骄人的成绩。如2015年参加贵阳市"守住两条底线，建设生态贵阳"荣获个人手工艺作品特等奖（胡佳），在第二届中国野战运动冠军总决赛中荣获五人对抗赛第二名；2016年在贵州省全民科学素质知识竞赛汇总中荣获二等奖，在庆祝建党95周年、红军长征胜利85周年知识竞赛中获团体二等奖；2017年获得贵州省大学生优秀防艾志愿者一等奖（高庆利），在多彩贵州·闪亮青春校园文化月活动中，萤光公益社团获优秀社团称号。通过校内校外活动的参与，促进了学生之间的交流，营造了良好的校园氛围，提升了学生的的政治、文化、技能素质，也增强了他们的胆量和信心。

其二，依托实训超市，培养学生专业技能。

为进一步完善校企合作育人机制，创新技术技能人才培养模式，2017年12月，我校下发了《关于设立贵州城市职业学院实训超市试点的通知》，截至目前，我校拥有中医疗养、基础美术、经管实训等六个实训超市，力求达到既锻炼学生个人能力又提高其思想政治素质的双重效果。为保证实训超市的运行效果，我校加大了实训室建设力度，到2017年年底，已建成的实训室覆盖各专业门类，并提倡不同专业的学生实现知识互补、能力互补，通过这种互补、协同培养他们的团队合作素质。在指导教师的指导下，学生根据选择的项目，利用课余时间在实训超市苦练技能，并逐见成效。截至2017年，我校学生参加省部级技能大赛均获得优异成绩。获国家级三等奖2项，行业比赛单项冠军1项，一等奖2项，三等奖4项16人次，省级一等奖8项，二等奖30项，三等奖24项，获奖达336人次。

其三，创新"运动超市"，增强学生体质。

我校倡导"我运动 我健康 我快乐"理念，积极组织学生锻炼身体，定期在校内举办各类体育赛事，并主动参与校外各种体育赛事。自2011年起，我校便开展了"大一新生出早操"活动，要求每天7点准时出操，确保学生每日的基本运动量。到了2017年，在校党委倡议下，出操对象扩展到大二学生，由此形成"万人早操"活动，俨然成为我校的一道亮丽风景线。

2017年10月，我校印发了《贵州城市职业学院运动超市活动方案》，对各二级学院体育运动的开展提出了具体要求，即每月都要开展体育运动赛事，并将各学院的体育活动开展情况纳入年度工作考核。从竞技类项目到益智类项目，形式多种多样，学生参与的积极性较高，满意度也自然提高了。不仅如此，通过"运动超市"平台，我校还选拔体育特长学生组成校运动队加强训练，代表学校积极参加校外各类体育赛事。辛勤的耕耘收获了丰硕的成果，2017年我校运动健儿在体育竞技比赛中取得优异成绩。在全国全民健身操舞大赛中，我校徒手广场舞（自选动作）获全国特等奖，啦啦操获全国一等奖；在贵州省校园花样跳绳比赛中，我校学生获大学组两个项目的冠军，一个项目亚军。

其四，大力推行大学生素质拓展教育活动。

促进学生知识、能力和素质的和谐发展。自2015年开始，我校每年定期开展大学生素质拓展教育活动，起到了助力学生成长的显著效果。2015年培训学员人数为1285人，2016年培训学员人数为1689人，2017年培训学员人数为2500人，针对优秀学员，还专门给予了表彰和奖励。此活动的开展，极大提高了学生的思想道德素质、身体素质和人际沟通素质，得到了很多学生的积极响应。

3. 践行全方位育人，助力大学生成长成才

其一，优化"三大讲座"，阶段性地引领学生成长成才。

"三大讲座"即人文讲座、专业讲座和创业就业讲座，是我校在17年教育实践中不断积累和凝练而成的，也是我校思想政治教育的常规抓手。

人文讲座针对大一新生，旨在教会学生明是非、辨善恶、重道德、讲诚信，培养学生的责任感、正义感、敬畏感和崇高感，帮助学生塑造思想、提升境界、完善人格。专业讲座针对大二学生，旨在教会他们如何学习和怎样学习。通过聘请校内外专家教授就专业发展方向、理论前沿等对学生进行专题性讲解，不断激发学生对专业的兴趣和热情。就业创业讲座针对大三学生，旨在帮助学生认清就业形势，转变择业观念。通过邀请一些企业家和创业成功人士到学校进行讲座和现身说法，鼓励学生多途径就业，增加奋斗激情。

"三大讲座"已趋于制度化常规化，丰富多彩的讲座不仅充实了校园文化，同时也使我校的思想政治教育工作取得明显成效。在"三大讲座"的熏陶和培养下，我校学生逐渐形成符合社会需要的心智道德模式，毕业之后深受用人单位的青睐和认可。

其二，构建家校共建育人模式，提高思想政治工作的有效性。

让家长参与学生管理，增加家校之间的互动，提高思想政治教育工作的有效性。2017年3月，我校制定了《贵州城市职业学院家长委员会筹建方案》，各二级学院积极响应，并按要求开展工作，得到了学生家长的支持和认可。与此同时，通过发挥家长的正能量，一定程度上提高了学生思政教育的效率，促进了学生的全面健康发展。

其三，搭建校校合作育人平台，增强学生社会实践活动能力。

遵循学生成长规律，定期开展联系学生母校的主题思想政治教育社会实践活动，引导学生在实践中受教育、长才干、做贡献，进而成长为中国特色社会主义事业的合格建设者和可靠接班人。如今年4月校党委组织的"缅怀先烈 回馈母校 感恩活动行"、校团委组织的"圆梦"行动等主题社会实践活动，给获省级以上奖励的学生母校送贺信、和母校建立定点帮扶校校合作机制，既锻炼了学生的能力，塑造了学生的品质，又拉近了各中学与我校的距离，加大了全方位育人力度，提升了我校思想政治工作的影响力。

其四，发挥军校共建育人作用，增强国防安全意识。

我院与中国人民解放军95402部队建立军校合作育人机制，邀请部队到校对师生进行爱国主义教育、国防知识教育和安全技能培训教育。

（三）强调"安全立校"，重视校园消防安全，强化师生安全意识

安全是立校之本，是我校大力开展思想教育教育工作的坚实基础。近年来，我校不断改进和创新安全工作，重视消防安全，强化学生自我管理，取得了不错的成效。

（1）消防安全责任到人。成立了上至院长，二级学院院长、职能部门主要负责人，下至各班级消防安全员的消防安全工作队伍（近200人），并制定了2017—2018消防安全员培训计划，定期开展对安全员的培训，包括消防器材使用、应急逃生演练、消防技能等，大大提高了学生的消防安全意识和自我保护水平，在学院消防安全工作中发挥了十分重要的作用。

（2）成立学生应急分队。学生应急分队参与学院的安全稳定工作，让学生在自觉履行维护校园稳定的过程中不断得到成长，同时担任学校国旗护卫队，为学院的安全稳定工作提供了有力的保障。

（四）立足育人使命，以"四化"扎实推进学生管理工作

1. 工作任务流程化

经过17年的摸索，我校建立了一整套较完善的学生工作制度，包括《贵州城市职业学院学生管理手册》《贵州城市职业学院学生处程序化工作手册》《贵州城市职业学院班主任工作手册》《贵州城市职业学院班级管理手册》等，细化了工作流程与岗位职责，做到有章可循、有据可依。

2. 考核标准数据化

一直以来，我校学生工作考核遵循"让数据说话"，考核标准由各种数据指标组成，包括班级到课率、班级组织活动次数、班级卫生情况、班主任联系家长次数、班主任与学生沟通次数、班主任去宿舍关心学生次数等，细致量化，有助于提高学生工作的效果。

3. 宿舍管理精细化

宿舍是学生生活的主要场所，我校十分重视宿舍管理工作，专门成立了学管处，统筹宿舍管理工作，包括宿舍卫生、宿舍安全、宿舍活动等。为了保障学生的安全，我校实行"学生出入打卡制"，定期（当天上午10点）公布前一天未打卡学生的名单，并及时通报给二级学院和班主任，帮助他们掌握学生的动态。宿舍内务整理推行"准军事常态化"，保障了宿舍卫生的干净整洁，营造了良好的生活和学习氛围。实行"宿舍微信群联络制"，在便于宿舍管理活动开展的同时，也增加了同学之间和师生之间的思想及情感交流，有助于建立良好的师生关系和同学关系。

4. 管理联动常态化

一是建立校、系、班的三级联动管理体制，共同负责，互相监督，及时沟通，确保学生工作的有效开展。

二是建立学生管理部门与其他职能部门的联动管理体制，其他部门密切配合学生工作，并践行人人育人职责，促进学生工作的有序进行。

三是建立学校与社区、部队等有关部门的联动管理体制，如我校定期邀请贵安新区消防大队共同开展消防演习活动，帮助学生了解消防知识，规避

一些安全事故的发生；邀请中国人民解放军九五四零二部队共同开展军魂主题教育活动，帮助学生加深对军人的认知，促使他们以军人为榜样不断改进自我，完善自我。

贵州城市职业学院是贵州省第一所民办高校。建校17年来，在省委、省政府的领导下，在省教育厅的支持和指导下，学院始终坚持党的教育方针，遵循教育教学规律，秉承"求慧至真，笃行超越"的院训，坚持"质量立校，特色兴校，创新强校，依法治校"的办学理念，始终把思想政治教育工作放在首位，积极探索大学生思想政治教育的新途径和新方法，努力打造思想政治工作特色品牌，提升学校办学品位。

经过17年的努力探索，学院总结与凝练了思想政治教育工作的特色及经验。在新形式下，我院将针对社会环境、高等教育和当代大学生出现的新变化、新问题和新特点主动开展动态研究，不断创新思想政治教育工作机制，在开拓中继续寻求又好又快的发展路径。认真贯彻中共中央国务院关于加强和改进思想政治教育工作的意见，在贵州省委教育工委、省教育厅的领导和指导下，不断加强和改进我校大学生思想政治教育，全面提升育人效果，助推学校实现跨越式发展，为社会培养更多优秀合格人才，为贵州教育事业做出积极的贡献。

三、学习贯彻落实全国及全省高校思政工作会议精神工作

全国高校思想政治工作会议2016年12月7日至8日在北京召开，习近平总书记出席会议并发表重要讲话，对加强和改进新形势下高校思想政治工作提出了明确要求，做出了重大安排部署。2017年6月5日，贵州省高校思想政治工作会议在贵阳召开，时任贵州省委书记、省人大常委会主任陈敏尔强调，加强和改进高校思想政治工作是一项重大的政治任务和战略工程，贵州各高校要牢牢把握社会主义办学方向，从根本上做好人的工作。全国及全省高校思想政治工作会议相继召开后，我校党委组织全校师生，特别是党员领导干部、思想政治理论课教师、辅导员、班主任认真学习会议精神，积极组织贯彻落实。

（一）取得的实效及工作亮点

1. 成立了贵州城市职业学院马克思主义学院

在贵州省委教育工委和教育厅的指导下积极筹建并承建了贵州城市职业

学院马克思主义学院，2017年11月14日举行了我校马克思主义学院揭牌仪式，聘请贵州大学、贵州师范大学、贵州民族大学、贵州财经大学马克思主义学院院长为我校客座教授和马克思主义学院学术委员会委员，全面指导与科学引领我校思想政治理论教育教学、协同创新、社会实践。与此同时，我校还承办贵州省高校马克思主义学院院长十九大精神宣讲队首场报告，贵州省高校马克思主义学院院长十九大精神宣讲队进驻我校。《贵州日报》11月19日第四版和《中国教育报》教育周刊11月21日第11版分别对上述仪式与活动进行了专门报道。

2. 加强环境育人、文化育人与实践育人相融合

我校始终注重环境、文化与实践相融合，以全面提高培育人质量。首先，加强环境育人，在校门两侧精心整合和构建传统文化墙和科学技术墙，提升校园文化品位与育人成效。其次，将地方特色文化、民族文化融入思想政治理论课的教学中，做好《毛泽东思想和中国特色社会主义理论体系概论》《思想道德修养与法律基础》《贵州省情》《形势与政策》课程的日常教育教学和科研工作，鼓励和引导青年教师、青年骨干教师做好专题科学研究。最后，加强社会实践育人，与贵州青少年活动中心建立协作关系，成立思想政治社会实践基地，加强社会实践活动，通过加强校校合作、校政合作、校企合作，加强实践育人。如学校实训处与荧光公益协会联手开展了以"尊老敬老、筑爱夕阳"等公益活动，影响很大。

3. 结合学校实际切实开展"三全育人"

坚持把立德树人、教书育人作为中心环节，积极引导全体教师将思想政治工作融入教学全过程，形成全员育人。切实加强师德师风建设工作，营造风清气正的育人环境。学院进一步加强师德师风师能建设，定期或不定期地开展党风廉洁教育，全院教职工特别是领导干部和辅导员定期对照行为规范开展自我检查，严禁侵害学生利益的事件发生。坚持稳定压倒一切理念，切实提高工作标准，增强红线意识，加强值班值守，确保学校的安全。

4. 规范哲学社会科学教材选用

严格按照教育部思想政治工作理论课课程建设的要求，选用高等教育出版社出版的教材。如《毛泽东思想和中国特色社会主义理论体系概论》《思想道德修养与法律基础》就是采用教育部的统编教材，都使用2015年修订版。同时严格按照教育厅关于思想政治评估检查的要求，精选《贵州省情》教材，

引导教师积极开发适合本校校情、学情的形势与政策课校本教材。

5. 牢牢把握高校思想政治课主导权

积极落实意识形态工作责任制，切实加强对课堂教学各类思想政治文化建设的引导。一方面，出台有关规定。教务处下发了解《教师教学工作年度考评方案》和《教师课堂教学行为规范及扣分清单》等文件，广泛开展调查和研究。另一方面，进行问卷调查，及时掌握师生思想现状，探析其深层原因，研究制定出针对性、操作性强的制度和措施，提高研究解决问题的效率，提高全员、全方位和全过程育人质量。

6. 加强和改进教师队伍思想政治工作

2017年两个学期开学时都对全体教职员工进行了集中培训，学校主要领导亲自授课，专门就师德师风对全体教师做了专题讲座，新教师入校的时候有专门的辅导，董事长亲自讲课，各系部组织学习。同时，送辅导员出去参加各种培训、各种竞赛等。常务副校长马克思主义理论博士后李宏昌兼任马克思主义学院院长，原基础部主任高丽梅任马克思主义学院执行院长，思政部主任董建芝兼任马克思主义学院的党支部书记。每个二级学院都配备了党支部书记，都实行党政联席会议制度。学校各职能部门全面树立"服务才是管理"的新理念，为全校师生提供优质服务。

7. 推进思想政治工作改革创新

一是我校所有的专职教师都兼任班主任，将专业课的教学与课堂的管理和日常的育人相结合，基本实现了专业课老师为所任课班级班主任的做法，学生能够与老师经常性地接触，老师能够更及时、全面地掌握学生的思想动态。二是积极做好新闻宣传工作。认真抓好学院网站的建设，积极更新相关内容，大力宣传学院各项建设的新成效、新业绩。积极引导师生文明上网、安全上网。三是通过大学生心理健康教育、心理健康普查等有效措施，及时了解学生日常的行为变化、心理变化，加强心理干预。本年度群体性事件、恶性事件发生率均为零。

8. 加强和改善党对学校的领导

学校对党建工作一贯高度重视，坚持社会主义的办学方向。一是成立了学校党委，由王时芬担任党委副书记（主持工作）。选举了王时芬、蒙永福、李宏昌、付盛忠等同志为学校党委委员；党委在学校中充分发挥领导核心作用，提高政治站位，牢固树立"四个意识"，在思想和行动上，团结和带领全校师生，紧密地团结在以习近平同志为核心的党中央周围，不忘初心，牢记使命，永远奋斗。二是严格管理党费、规范使用党费，强化学校党校建设，把好党员入口关，纯洁入党动机，加强党校考核，全面提升党校的工作质量。三是加强对外交流与合作，学习借鉴兄弟学校基层党建的先进做法和成功经验，不断提升民办高校党建工作的政治站位、工作水平。

（二）思想政治理论课教学过程中的不足及表现

1.教师队伍的结构不尽合理

职称结构上，思想政治理论课教师中高级职称较少，中级职称和初级职称占比较大；年龄结构不够合理，思想政治课教师中学科带头人和骨干教师的年龄偏大；在学历结构上，具有本科学历的思想政治课教师占大多数，拥有博士、硕士学历的思想政治课教师相对较少。

2.思想政治课教学信息化与能化亟待提高

现阶段，我校思想政治课教学课堂在现代信息化技术和校园网络资源的开发运用上还未形成规模和体系。主要表现在三个方面：一是思想政治课教师虽然在教学中能够运用简单的多媒体设备，但基本上还是理论讲授为主；二是行动导向教学模式的运用提高了学生的学习积极性，但仅限于课堂教学方式，交互性需要进一步提高；三是思想政治课课堂教学手机 App 等现代教育技术、大数据技术推进教学方式改革与创新的力度有待加强。

3.校内外思想政治课实践基地建设不够完善

由于思想政治课实践基地建设是一项长期的系统工程，既需要政府、学校、企业、社区等多方联动，又需要理念的创新、经费的落实、制度的保障等多措并举。由于我校是民办高校，办学经费的紧张直接导致学校思想政治课实践基地建设，在数量上满足师生的需求度还不够，制约了我校思想政治实践教学的长期开展与有效推进。

（三）改进措施

1.不断优化教师结构，提供学校思想政治工作优质师资保障

通过公开招聘与校内培训等有效方式充实思想政治教育理论课专职教师队伍，既确保师生比达标，又确保教师队伍整体质量。鼓励青年思想政治课教师继续深造，提高学历水平，并出台相应政策积极引进高学历人才，提高

思想政治课教师队伍整体学历层次。优化专兼职教师队伍，引进高素质人才，不断优化我校思想政治课教师职称结构、学历结构、年龄结构，为提高全校思想政治工作的质量与水平提供优质师资保障。

2. 引入先进教育技术，推进学校思政课教学信息化与智能化

在学校硬件建设和管理、在资源开发和应用等方面，寻求技术支撑和政策支持，激励全体教师都参与进来，形成良好氛围。为教师创造继续教育学习机会，增长专业知识，提升信息技术运用能力和与所教学科教学的融合能力，实现课堂学生主体。并利用课堂多媒体设备和机房、实训基地等网络环境，开发思想政治课理论教学的信息化教学手段。完善校园无线网络的全覆盖，充分运用教室的多媒体设备和校园无线网络的全覆盖的环境进行教学的设计及实施。通过现代信息技术手段对课程资源进行重新整合，共建共享，落实和推动思政课信息化、系统化、规范化。

3. 积极整合社会资源，加强学校内外思想政治实践基地建设

积极与省内有关爱国主义教育基地、革命传统教育基地、法制教育实践基地、改革开放先进典型实践基地、新农村建设基地等单位，以合作共建的方式签订协议，发挥这些实践基地在开展思想政治理论课实践教学中的作用。依托学校专业优势与办学特色，组织学生开展专业对口的志愿服务，逐步建成稳定的志愿服务基地及挂职锻炼服务基地，积极对相关社区、街道开展法制宣传、医学知识普及等实践活动，在服务社会中实现思想政治教育的功能。做好做优大学生"三下乡"活动，积极开展实践教学活动，增强学生的社会责任感与学校的社会服务贡献度。

（四）我院思想政治教育工作的方向和目标

1. 进一步加强思想政治工作队伍建设，为学校思想政治教育工作提供强大组织保障

第一，打造一支高素质的思想政治课教师队伍，这是守住高校思想政治教育课堂主阵地的重要力量。学校坚持严格实行思想政治理论课教师任职资格准入制度，通过引进和培养，逐步形成一支学历、职称、学缘、年龄、学科背景结构合理的思想政治理论课专兼职教师队伍。

第二，打造一支全能型的专职辅导员队伍，这是学校思想政治教育工作重要的中坚力量。建设一支政治素质高、业务精、纪律严、作风正的辅导员

队伍，是学校思想政治教育工作的重要目标。今后，学校鼓励辅导员深入参与班级建设，进驻学生宿舍区，打通服务学生的最后一公里，培养一支贴近学生、服务学生的专业化、职业化队伍。

2. 进一步加强思政平台和载体建设，推动学校思想政治教育工作创新发展

为顺应大数据、互联网时代的发展，在"互联网+"信息时代，我们将继续解放思想，转变观念，厘清思路，创新做法，积极探索思想政治教育工作的新方法、新途径。一方面运用"互联网+"的概念，努力打造智慧党建、智慧思政工作平台；另一方面大力加强易班建设，搭建有效的网络思想政治教育平台，使易班成为学院信息发布的重要渠道，增进师生感情的重要空间，提升管理效率的重要抓手，便利学生生活的重要载体，丰富校园文化生活的重要平台，提高我院大学生网络思想政治教育水平。

3. 以"三因方法"为新引擎，不断强化和创新思政工作的方式方法

新时代背景下，要提高思想政治教育工作的能力和水平，就要认真学习和理解习近平总书记"要因事而化、因时而进、因势而新"的"三因方法"论，紧扣时代主题，创新工作方式，深化思想政治教育工作，做到要因"事"而化，强调发展规划和共同理想，积极探索教育新途径和模式；要因"时"而进，强调发展规划和共同理想，积极探索教育新途径和模式；要因"势"而新，强调发展趋向和顺势而为，适时创新工作体制和机制。

新时代、新作为，我们要严格按照习近平总书记提出的"要遵循思想政治工作规律，遵循教书育人规律，遵循学生成长规律"的要求，采用新方法，并通过新媒体、新技术的运用，推动思想政治工作传统优势与信息技术高度融合，增强思想政治教育工作的时代感和吸引力，提升思想政治工作的亲和力和有效性。

总之，贵州城市职业学院自办学以来，经历了"建章立制、夯实根基"的初始创业时期，走过了"扩大规模、拓展外延"的规模发展时期，现在进入了"深耕内涵、追求卓越"的战略发展时期。新时代、新作为，特别是在习近平新时代中国特色社会主义思想的指引下，学院将转变办学理念，创新人才培养模式，实现内涵发展、特色发展，不断提升办学层次和水平，努力探索和创新现代职业院校办学理念和治校方略。正如习近平总书记所强调的："把党建和思想政治工作优势转化为高校发展优势"，我们以技能型人才培养

为核心，以思想政治工作为抓手，多管齐下，协力推进学校各项事业科学发展和思想政治教育工作双进步。

四、贵州城市职业学院学生思想政治教育总体规划

根据《中共中央国务院关于进一步加强和改进大学生思想政治教育的意见》和《中华人民共和国教育部令第41号普通高等学校学生管理规定》，按照贵州城市职业学院《十三五工作规划》要求，为在新的起点上，抓紧新的发展机遇，使学生思想政治教育工作对学校人才培养质量的提高，教学科研水平的提升，服务经济社会发展能力的增强起到导向引领和服务保障的功能和作用，特制定本规划。

（一）指导思想

高举中国特色社会主义伟大旗帜，深入学习贯彻党的十九大精神，全面落实教育规划纲要，全面贯彻党的教育方针，全面推进素质教育。依据《中华人民共和国高等教育法》和《中共中央关于加强和改进思想政治工作的若干意见》对高等教育人才培养的总体要求，遵循大学生思想道德素质形成、发展的规律，巩固大学生思想教育评建成果，结合我校"求慧至真，笃行超越"的校训思想，促进大学生思想政治教育模式形成，切实抓好大学生思想政治教育工作。

（二）目标任务

经过三年的时间，建立并完善党委统一领导、党委和行政共同决策、党政群团齐抓共管、有关部门全面负责组织实施与管理的领导体制；进一步深化、落实一体化育人和全方位育人的思想政治教育工作机制，并形成具有我校特色的、富有成效的大学生思想政治教育工作模式，使我校大学生的政治思想素质有明显提高，心理素质更加健康，行为举止更加规范文明，综合素质得到全面提高，社会竞争力明显增强，校风、教风、学风明显好转。

（三）主要工作及措施

1. 大学生思想政治工作组织机构

高校党委对学校工作实行全面领导，承担以党治党、办学治校的主体责任，把方向、管大局、做决策、保落实。党委书记是高校思想政治工作第一责任人。各二级学院党总支、党支部是学校党的基层组织，是大学生思想政治

工作的重要部分，是落实大学生思想政治工作最重要的队伍，因此要多方位构建育人队伍，抓党团队伍。结合学校党务工作实际及学生管理特色，打造由党办牵头，党校、思政部、团委、学生处、学管处、基础部、二级学院七部门紧密配合的思政教育组织机构。

2. 构建多方位育人队伍

（1）加强党团队伍建设。学校现有教师党员66人，在校学生党员86人，2017年计划发展党员100名，其中教师党员15人（以省委教育工委下达的发展党员指标为准），确定入党积极分子230名，努力做好优秀教师入党工作，引导团员青年及入党积极分子靠拢党组织，为党组织补充新鲜血液奠定坚实基础。以在教学第一线青年骨干教师为发展党员的重点，加强对入党积极分子的经常性教育和入党前的强化教育。继续对党员同志们高标准严要求，在现有队伍中抓典型推先进，力争再次获得省级优秀基层党组织、优秀党务工作者等表彰。

校团委现有65个注册社团，其中文艺类社团6个、体育类社团11个、专业类社团20个、公益类社团9个、文化类社团16个、创新创意类社团3个。社团注册社员千余名，主要协助学校抓好校园文化建设，开展德育工作、文明单位创建活动、普法禁毒教育、青年志愿者活动、文艺活动，活跃校园文化氛围，净化校园环境。此外，2017年还在团委增设团校，以加强团员思想道德建设，研究青年学生的新特点、新问题。

（2）创建基层党组织"五先进一满意"活动，即争创教育先进岗、科研先进岗、管理先进岗、服务先进岗、学习先进岗，办人民满意的教育。在广大教师中开展"四有""三者"好老师活动，即有理想信念、有道德情操、有扎实学识、有仁爱之心，争做教育改革的奋进者、教育扶贫的先行者、学生成长的先导者。

（3）加强思想政治课教师队伍建设。思想政治课教师是大学生思想政治工作骨干力量，这支队伍要致力于学生思想政治教育和养成教育。德育工作要在坚持狠抓常规管理、组织开展好系列活动的基础上突出德育工作的针对性和实效性，创新德育的新思路、探索德育新方法、实施德育新举措、开创德育新局面，使德育工作和学生管理成为学校竞争中的亮点。举办师生辩论赛，开展主题宣传教育活动；积极开展"和谐校园""示范班级"等创建活动，加强文明礼仪、行为养成教育。深化拓展感恩教育、诚信教育、法制教育、禁毒教育以及心理健康教育等各项工作。

（4）加强专职辅导员及兼职班主任队伍建设。按教育部规定逐步配齐专职辅导员队伍。辅导员是高职院校学生日常思想政治教育和管理工作的组织者、实施者和指导者，承担着学生的人生导师和健康成长的知心朋友的重任。辅导员在日常管理工作中，除了要带头进宿舍主动关心关爱学生的生活学习外，还要担负起指导学生党员工作的责任。在高职院校育人工作的实施过程中，辅导员扮演和发挥着不可替代的作用，要重视辅导员的培养培训，计划每年度外派学习60人次，内部培训2~3次，以适应新时期、新形势下对高校辅导员提出的更新、更高要求。

（5）开展全校教职员工职责教育。以任课教师为重点，充分体现为人师表、教书育人、管教管导的教师职责，开展全员育人活动。

（6）加强学生干部队伍建设。学生中的干部队伍、党团员及积极要求进步的学生是做好学生教育工作不可或缺的力量。组织、指导、引导好这支队伍，将学生党员进宿舍活动纳入工作常态，充分发挥学生自我管理、自我教育、自我服务、自我提升的主体作用。定期在学生中开展相关工作会议，以各种育人活动提升育人效果。

（7）加强家长与实习单位带教老师队伍建设。将家长与实习单位纳入育人体系，实现三方联动。

（四）具体方法与步骤

1. 第一学年：通识教育

（1）第一学期：入学教育。

①新生刚入学，党办制定入学教育相关主题讲座，如"感恩教育""新生适应大学生活""心理健康教育""安全文明教育""制定人生规划""确定学习目标"等。

②教务处和社科处根据人才培养方案，加强思想政治教育教学的力度，除开设《毛泽东思想和中国特色社会主义理论体系概论》和《思想道德修养与法律基础》两门课程，还应该增设《马克思主义基本原理》及《中国近现代史纲要》两门课程来丰富思想政治理论课。

③二级学院党支部和团支部定期召开党团组织会议，在学生中加大培养党团员的力度，使党团员在班级及二级学院起模范带头作用。

④学管处督促二级学院领导和班主任加强对新生的关心和爱护，使新生很快能融入新环境和大家庭里；宿舍配备楼长、层长和寝室长三级联动来关心和关爱新生，为新生排忧解难，让新生体会到家的温暖。

（2）第二学期：素质教育。

①党校在全校中开展大学生综合素质拓展活动，使学生树立正确的人生观、价值观和世界观。

②团委在全校定期开展各种大型的活动，如"党团知识竞赛""践行社会主义核心价值观"的主题演讲活动、"普法教育"等活动，提高大学生的综合素质能力。

③教务处在全校范围内开设《大学生心理健康教育》的课程，普及大学生心理知识；心理咨询中心建立心理咨询室及制定心理危机预警机制；二级学院专门设置心理辅导员，班级推选出心理情报员，形成三位一体的心理工作小组。

④学生处爱心服务中心在校内定期举办爱心服务捐赠活动，校外联系爱心基金会对我校特殊特困学生进行资助，对全校学生进行"雷锋精神""大爱精神""奉献精神"教育。

⑤加强学生公寓、学生食堂等学生生活场所的文化建设，通过多种形式的文明创建活动，引导学生的生活、学习和成长。

⑥全校党团员教师、干部、班主任深入宿舍，参与宿舍管理，与学生进行谈心谈话，了解心声，适时思想教育。

2. 第二学年：专业教育

（1）第三学期：成人成才教育。

①因为大学生对成人成才意识较淡薄，自我管理能力较差，实践操作能力较差，所以二级学院在加强专业知识教育的同时，加强思想道德和实践能力的教育，每周定期召开一次全院思想政治方面的讲座或大会。

②班主任每周日晚上召开班会，班会主要以"安全、文明、心理、人生"为主题，增强班级学生的凝聚力和向心力，提高学生总体的思想素质。

③党校和各支部为主，在保证党员质量的基础上，加大发展学生党员工作的力度，使我院在校生党员比例达到10%左右。

④坚持育人宗旨，通过开展生动有效的思想政治教育活动，帮助学生不

断提高政治理论素养和思想道德素质，增强法律意识和诚实守信意识。开展志愿者服务、学雷锋等社会实践活动，引导大学生全面发展，成长成才。

（2）第四学期：社会责任感和就业教育。

①大学生是社会主义现代化建设者的接班人，学生处、团委和党办加强社会主义核心价值观的培训，使学生树立正确的世界观、人生观和价值观。

②教务处在全校开设创新创业课程，让学生学习个人简历的编写和创新创业的原则、途径及方法。

③就业处联合校外企业的职业经理人和企业专家到校进行创新创业讲座，使学生了解国家当前就业观念、就业形势、创新趋势和创新理念，并帮助学生介绍实习实践基地。

3. 第三学年：实习及毕业教育

（1）第五学期：竞争力教育。

①培养学生独立生存的自信心、不进则退的进取心、百折不挠的坚韧心、胸怀社会的责任心。

②培养学生对知识的主动学习能力、对环境的主动调适能力、对构想的主动践行能力、对挫折的积极归因对症下药的态度，使他们形成竞争的主动精神，具有开阔的视野、基本胆略和良好心态，打牢竞争的基础。

（2）第六学期：依法自我保护教育。

①就业处在学生实习实训前举办加强自我保护意识的系列讲座，到企业后要懂得用法律手段来维护自己的合法权益。

②学校实训处加强与实习用人单位进行沟通，实习之余要加强思想道德和法律法规的教育和培训。

第三节　特色第二课堂（三大超市活动）

一、社团超市（活动超市）

学生社团是学生为了实现会员的共同意愿和满足个人兴趣爱好的需求，自愿组成的按照其章程开展活动的群众性学生组织。学生社团是我院校园文化建设的重要载体，是我院第二课堂的引领者。为管理好我院学生社团，我院团委牵头，二级学院配合制定了《学生社团活动超市实施方案》，按照《学生社团管理办法》和《学生社团活动超市实施方案》组织学生社团开展各类活动（相关文件见附件1和附件2）。

目前我院注册学生社团共65个，其中文艺类社团6个，体育类社团11个，专业类社团20个，公益类社团9个，文化类社团16个，创新创意类社团3个。社团注册社员1973名，开展活动349场次，参与学生16558人次。社团按照学院程序化管理，整合资金24148元用于社团活动开展，学生在社团活动中培养兴趣、发展特长。

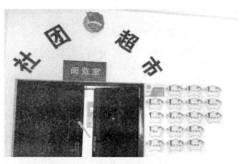

二、运动超市

　　运动是健康之本。生命在于运动，运动让我们生命活力十足，心情舒畅，远离疾病，健康长寿。学院制定《"运动超市"体能活动方案》（见附件3），分设球类项目：篮球、足球、排球、气排球、羽毛球；操类项目：健美操、广播操；益智项目：象棋、围棋、五子棋、军棋；休闲体育：过趾压板、五人六足；电子竞技项目；其他项目：跳绳、踢毽子、田径、冬季长跑，共六大类。

参加广播操超市学生训练中

体能与合作竞赛

参加跑步项目学生训练中

参加健美体操超市学生训练中

参加健身体操比赛篮球运动超市学生训练中

学生可根据兴趣爱好自主选择以上项目，旨在通过此项活动建立学院体育活动的长效机制，营造人人参与、个个争先的氛围，形成促进青少年健康成长的良好育人环境。提高学生的思想道德素质和身体健康素质，结合课堂体育课和课余时间开展运动类比赛和万人早操。每周二、周四出操，每学期出早操36次。

确定"运动超市"的工作目标包括以下几个方面。

（1）设立"运动超市"管理办公室。在电商小镇申请办公室一间，由体育部选拔老师及学生进行管理，各二级学院根据提供的活动类别自行选取项目实施。

（2）2018年9月利用新生进校之机进班级广泛宣传我校"运动超市"，让学生了解该活动的意义。

（3）通过"运动超市"近一年的运行，让学生组建体育类兴趣小组、社团，达到体育类兴趣小组及社团50个。

（4）在体育部引导下，通过三年时间逐渐形成品牌体育项目健美操、啦啦操，打造校级啦啦操、健美操队，在校级操舞队员的带领下组建各二级学院自己的啦啦操、健美操队伍。

三、实训超市（校内技能训练超市）

为开展好我院职业技能实际训练工作，学院按照人才培养方案制定了《贵州城市职业学院汽车专业实训超市建设方案》《贵州城市职业学院经管实训超市建设方案》《贵州城市职业学院基础美术实训超市建设方案》《贵州城市职业学院艺术学院实训超市建设方案》《贵州城市职业学院计算机实训超市建设方案》《贵州城市职业学院中医疗养实训超市建设方案》（见附件4~附件9），对学生进行职业技术应用能力训练教学。通过职业技能实训教学提高学生的职业素质，达到学生满意就业、企业满意用人的目的。

机电学院实训工坊　　　　　　　　　城建学院实训工坊

机电学院学院实验室　　　　　　　城建学院 BIM 实验室

汽修专业实训基地　　　　　　机电学院大数据汽车实训工坊

机电学院大数据汽车实训工坊　　　　机电学院大数据汽车实训工坊

城建学院教学楼　　　　　　　城建学院建筑实训工坊

第四节　努力建设和打造特色校园文化

一、校园文化精神建设

大学精神是指大学的一种办学理念和价值追求。它是师生员工的理想信念、价值观、道德观、行为习惯的集中表现，是一所大学所拥有的稳定的心理定式和精神状态，是一所大学在长期的教育实践中积淀的最富典型意义的精神特征，是一所大学整体面貌、水平、特色及凝聚力、感召力和生命力的体现。大学精神作为一种精神资源，作为一种文化精髓，荟萃于学校管理者的言论、校训、校歌之中。校训的精神含量，是能够丰富、提升、纯净气质、人格和境界，构成教育人、塑造人、完善人的精神领地，构成育人的精神氛围。

（一）贵州城市职业学院校标设计及释义

贵州城市职业学院标志采用圆形徽章外形，体现庄严、规范、严谨之意。该标志是以英文"C"和"S"、立体图形（方体）、翻开的书本形态为设计元素进行变形、组合而来。

贵州城市职业学院校徽

贵州城市职业学院标志

（1）标志总外形为圆形，标志内的主要图形为方体，意为整个标志有圆有方，体现"无规矩不成方圆"之意，说明学院有正确完整的管理体系；学院以建筑而出名，建筑则与立体空间造型密不可分，采用方体作为主要图案造型，也是为了体现城市、空间及建筑之意。

（2）标志中的方体图形是以"城市"二字的拼音首字母"C"与"S"作为设计要素变形而来，同时，城市（city）、建设（construction）、学院（college）三个关键词的英文首字母都是以"C"开头，字母"C"也涵盖了三个关键词的含义。

（3）翻开的书本图形能直观快速地体现教育教学的含义，书本与知识有着密切联系，同时，翻开的书本也是飞翔的翅膀的变形，体现学院学子翱翔在知识的海洋，也体现学院的教育事业正不断发展壮大，展翅高飞。

（4）标志中的"2001"表示学院建校时间是2001年，记载着学校的发展历史。

（5）整个标志以单色形式表现，标准色为蓝色，蓝色代表海洋，代表健康，代表发展与希望，体现学院有着广阔的发展前景。

（二）贵州城市职业学院校歌

校歌《奔向辉煌》旨在激励和团结广大师生员工发扬城院精神，勤奋工作，开拓创新，积极创造学校辉煌灿烂的未来。

奔向辉煌

1=D 4/4

蒙永福 词
吴媛姣 曲

坚定、豪迈地

（1 | 6·666 67i | 5--23 | 4·444654 | 3--1 | 6·666 67i | 2--- |

2·1 76 5 3 | 5432 1 5 55 5 55 5 | 55 55）| 5·5 543 2 | 3- 1- | 2222 3444 |
　　　　　　　　　　　　　　　　　　　　迎 着灿 烂的 朝 阳， 我们迈步在美丽的
　　　　　　　　　　　　　　　　　　　　踏 上豪 迈的 征 程， 我们奋战在激荡的

43265 - | 3·334 556 | 5-3- | 2·223 44· | 4·3456·543 | 4431 2- |
花溪河 畔。 为 了建设美好的 家 园， 用我们的努力　 求慧至真笃行超越 笃行超 越；
书海商 潮。 为 了实现光荣的 梦 想， 用我们的勤奋　 创新思想创造未来 创造未 来；

3·334 556 | 1-6- | 1·11 755 · | 2·346 5·432 | 43210 1 | 6- 6·67 i |
为 了建设美好的 家 园， 用我们的真诚 凝聚力量关注社会 关注社会。啊！ 城市学
为 了实现光荣的 梦 想， 用我们的赤诚 智慧青春建设祖国 建设祖国。啊！ 城市学

5 - - 23 | 44·44654 | 3 - - 1 | 6 - 6·67i | 2 - - - | 3 2i7653 |
院， 你是 我们的希 望。 啊！ 城市学 人， 让 我们共同拥有
院， 你是 我们的希 望。 啊！ 城市学 人， 让 我们共同携手

23465 - | 5443 2 | 1-- （1 :‖ 5432 | 1--- | 5·567 2 | i - - - ‖
美好未 来 美好的未 来。 明天更辉 煌。 明 天更辉 煌。
奔向明 天

（三）贵州城市职业学院校旗

校旗是以红色背景为主，由学院校徽和学院中英文名称构成。鲜红色寓意着学院莘莘学子像初升的太阳一样，朝气蓬勃、热情洋溢，有一颗勤奋向上的心，迸发出无限的激情；上下暗纹寓意学院高速发展，犹如万千学子在老师的关怀下积极进取，携手走向灿烂的未来，共创学院辉煌。

（四）贵州城市职业学院校训——求慧至真、笃行超越

"求"即追求美好幸福的人生，不断学习进取，实现人生理想的过程；"慧"即为人处事的方法，有什么样的智慧，就有什么样的人生；"至"即追求一种真理不变，到达一种境界；"真"即没有虚假，真实可靠，得到一个圆满的结果；"笃行"即脚踏实地，勤奋努力地做好身边的每一件事；"超越"即永远不满足，不断创新前行，人无我有。"求慧至真、笃行超越"作为我校校训，它所表达的就是要我们通过不断地追求知识与实践，使自己具备聪慧的思维方式和高超的处理问题的能力，做事真实可靠；在做人做事方面诚实守信、脚踏实地，不断在新的起点上创新前行。

（五）办学理念

质量立校、特色兴校、创新强校、依法治校。

（六）培养理念

就业导向、技能本位、面向基层、服务社会。

二、 打造校内特色校园文化墙

良好的校园文化是一个大学必备的特质，因为它是学生健康成长并逐渐走向社会的重要土壤。校园文化墙传达的健康向上的思想及浓厚的生活气息，能使同学们感悟、理解、思考，净化灵魂，升华人格，完善自己。接受先进文化的熏陶和感染能促进大学生的全面发展。2016年学校投资200多万元，建设了800平方米的传统及现代文化墙，直观形象地展示中国传统文化的名人、名言和经典著作。文化墙右侧记录着孔子、孟子、老子、王阳明等先贤所提出的有关立德修身的思想和精神，以启示学子明白人与世界、社会、自身三者之间的关系；左侧文化墙则展示了以爱因斯坦为主的现代科学技术精神传承与发展。将优秀传统文化及现代文化直观形象地表现在文化墙上，有助于促进大学生树立正确的人生观及价值观，培育和践行社会主义核心价值观，是学校落实立德树人根本任务的重要基础。

（一）创建传统文化墙

传统文化墙是中国古代的圣人专题文化墙，包括孔子、孟子、庄子和王阳明等历代儒家学说的代表人物以及中国古代哲学家老子等。孔子是中国古代著名的思想家、教育家，他开创了私人讲学的风气，是儒家学派创始人。孔子在中国历史上最早提出人的天赋素质相近，个性差异主要是因为后天教育与社会环境影响，因而人人都可能受教育，人人都应该受教育。孔子在教学方法上主张老师"有教无类""经邦济世"的教育观，"因材施教""启发式"的方法论，注重童蒙、启蒙教育。他教育学生要有老老实实的学习态度，要谦虚好学、时常复习学过的知识，以便"温故而知新"，新知识引申拓宽，深入，"举一反三"。而老子则是中国古代伟大哲学家和思想家、道家学派创始人，世界文化名人，世界百位历史名人之一，中国人又叫他太上老君。他主张无为而治，其学说对中国哲学发展具有深刻影响，在道教中老子被尊为道祖。老子根据"道法自然，无为而治"的原则提出了一系列具有重要启示意义的教育主张，使他成为中国历史上一位极其出色的教育家。

（二）创建科技文化墙

右边的文化墙展示了中外教育、科技的代表人物。

一边是孔子、老子、孟子在论道的情景以及阳明洞，表达的是一种理论情怀和对传统文化的敬仰，对大学生思想政治教育有潜移默化的作用；一边是科技前辈及现代科技发展的熏陶，城市学院一直秉承着不忘初心、教育为民的教育准则，遵循教育面向现代化、面向世界、面向未来的教导，激励同学们努力学习，将来用自己的双手去创造未来，报效祖国。

校内传统文化墙　　　　　　　　　　校内科技文化墙

三、特色博览馆建设

1. 校史馆建设

校史档案记载了学校发展过程中教学、育人、科研、社会服务等诸多方面的工作，形成了有价值的文字、图表、声像等。校史则是从校史档案中提取的精华，是学校发展历程的反映与总结，是一部生动感人有教育意义的历史教材。随着时间的推移，其重要价值和地位会逐渐凸现出来。因此，对校史的聚集机构——校史馆进行建设，对构建校园文化起着积极作用，它在校园文化建设中具有教育导向功能。我们应充分发挥校史工作在校园文化建设中的作用，并加强校史的编研，提供多种形式的校史信息服务。

此外，校史馆的建设还有利于对学生进行学校传统教育和优良校风教育，有利于增强校友对母校的认同感和凝聚力，有利于吸引更多人关注高校的建设和发展，为高校建设创造更为有利的条件。

贵州城市职业学院校史馆展厅

2. 红色文化馆

　　建设红色文化馆的目的是使其成为红色教育的重要窗口，将无形变为有形，传播形式新颖、互动性强，让参观者容易接受并产生共鸣，在传播红色文化、发扬革命传统方面效果显著。红色文化馆形象地再现了革命前辈为民族独立和人民解放事业前仆后继、英勇奋斗的感人事迹和他们高尚的革命情怀，可供广大党员干部、群众和青少年观看学习，接受革命传统教育及党性

党建教育。红色文化是中国革命和建设过程中形成的具有中国特色的革命理论，革命经验和革命精神凝结而成的先进文化载体。红色文化展厅是集展示、宣传、教育于一身的教育基地，展示文化脉络、宣传先进事迹、传播革命精神，引导参观者形成正确的价值观和世界观。

3. 名人展示馆

爱因斯坦（1879—1955）德国，20世纪最伟大的科学家，他的相对论是空时关系的新认识。

孔子（公元前551—公元前479）中国古代伟大的哲学家、思想家，独创了整套信仰体系，他的学说影响中国人生活和文化两千多年。

名人展示馆是展示名人业绩、彰显名人精神的文化窗口，是立足全球视野、连接桑梓故园的情感纽带，是贵州城市学院标志性人文景观。

第五节　技能本位　创新发展

贵州城市学院坚持"就业导向、技能本位、面向一线、服务社会"的办学理念，实行"一体两翼"（即以应用技术为主体，技能训练与竞赛和双证书联动培养人才）实践教学模式，取得了较好的成效，推动了学生就业率的提高，学生就业率近年来一直保持在96%以上。

一、取得的成绩

（1）2009—2014年连续六年在贵州省建筑技能大赛上获奖数列居第一。

（2）教师组分别于2016、2017年获得护理技能大赛第一名；2014—2016年教师组CAD项目获得一等奖1项、二等奖3项；2017、2018年贵州省辅导员职业能力比赛获得三等奖，共计获奖8人次。

（3）学生组共荣获国家级奖2项、省级一等奖近30项、二等奖50项、三等奖近90项、优秀组织奖数十余次的好成绩，共计获奖学生近220人次，优秀指导教师近150余人次。

（4）测绘项目在2013年、2014年成功入围国赛，并在2014年获得国赛三等奖；电子商务技能、市场营销技能、互联网国际贸易项目在2017、2018年成功入围了国赛，电子商务技能在2017年和2018年连续两年获得国赛三等奖。

二、积累的经验

纵观多年参赛经历，我校能够取得这么多好成绩，与科学的决策和先进的理念以及严格的工作密不可分。

（1）领导重视、制度保障：校领导高度重视技能竞赛工作，积极支持学院开展学科与技能竞赛工作，并为广大师生更好地参与竞赛工作提供全方位服务。专门成立了"技能竞赛科"，先后制定并完善了与技能竞赛有关的规章制度，构建了"一体两翼"实践教学体系，学校从动员选拔，组织培训，课程协调，设备、后勤、经费保障，赛后总结等方面统筹实施，保证参赛质量。

（2）技能本位、特色发展：立足高职院校的教育教学根本出发点，结合我校实际情况，以技能为本位，打造城院特色。在参赛过程中，结合本校专业特色，突出品牌学科，着力优势项目，有计划、按程序加强实践教学，实现"一学院一品牌，一专业一赛事"。

（3）就业导向、服务学生：技能竞赛是手段而不是目的，要充分结合我校的教育教学宗旨———一切教学、竞赛活动都是为了提高学生的专业技能水平和核心竞争力。以就业为导向、以提升学生个人的专业技能水平为目的的参赛，从应用的角度切入竞赛，培养学生、服务学生是我们的出发点和落脚点，"学好一门专业，掌握一项技能，成为未来职场精英，谱写人生美好华章"是广大教师和学子们共同的追求。

（4）面向一线、产教融合：产教融合是区域经济发展和产业转型升级的迫切需要，是高职院校发展的重要途径，也是培养高素质应用型人才的必然要求。我们始终坚持"校企合作、产教融合、工学结合"的办学指导思想。通过充分学习和了解贵州省的产业转型、技术改革，将新的生产、发展技术融合贯穿到教育教学，尤其是技能竞赛培训中，凝聚产教融合推进高校建设发展的共识，加强与企业的沟通与合作，不断强化实践教育环节，发挥"双师型"教师的重要指导作用，把产教融合贯穿于技能大赛始终，实现"学、赛、用"三位一体的全面结合，使学生毕业后实现零距离就业。

三、展望明天

更加深入地开展竞赛工作、提高竞赛水平、巩固竞赛成果、发挥竞赛在职业教育中的重要作用，不断推动我校更进一步深入贯彻落实国家及省关于深化创新创业教育改革、进一步加强创新创业人才培养。总结昨天、立足今天、展望明天，我们都将以最诚挚的工作态度和最扎实的工作作风面对技能竞赛工作，因此，我们也有充分的理由和信心发展好、建设好、落实好城院的竞赛工作。"以赛促教、以赛促练、以赛促改"，我们一直在路上。

如今的城市学院经历了"建章立制、夯实根基"的初始创业时期，走过了"扩大规模、拓展外延"的规模发展时期，现在进入了"深耕内涵、追求卓越"的战略发展时期。特别是在习近平新时代中国特色社会主义思想的指引下，学院将转变办学理念，创新人才培养模式，实现内涵发展、特色发展，提升办学层次，努力探索和创新现代职业院校办学理念和治校方略。通过抓规范、重质量，重构教育模式；重内涵、强管理，实施升本工程；做精品、创特色，创建一流品牌大学。

"雄关漫道真如铁，而今迈步从头越"，在新时代背景下，我们将站在新起点，再踏新征程，在改革中求发展，在发展中求和谐，努力开创贵州城市学院更美好的明天！

附件 1

贵州城市职业学院学生社团活动超市实施方案

按照《中共贵州城市职业学院委员会"三全育人"工作的实施方案》（院党字 [2016]12 号）文件要求，为在我校实施全过程育人，推动我校大学生综合素质的提高，丰富学生的校园文化生活，满足学生个性化需求，为给学生提供更加丰富的大学校园文化生活活动，同时锻炼学生的自我分析、自主选择的能力，满足不同学生的兴趣发展需要，自选社团参与自己喜欢的活动，激发学生参与社团活动的兴趣和坚持学习的动力，为学生成长搭起一个展示自我的七彩舞台，按照《普通高等学校学生管理规定》第三条、第六条第十四条、第四十三条、第四十四条、第四十五条、第四十九条和《学校立德树人实施方案》要求，学校决定在学生中打造学生社团活动超市，特判定如下方案。

一、指导思想

（一）学习贯彻落实习近平新时代中国特色社会主义道路为指导思想。严格遵守国务院《社会团体登记管理条例》，依据国家教育部《普通高等学校学生管理规定》和《学校立德树人实施方案》；

（二）以培养学生创新精神、实践能力为重点，促进学生全面发展；

（三）丰富校园文化生活，构建健康和谐文化氛围，让更多的学生获得成功的经验；

（四）为学校的各项活动培养人才。

二、社团活动总体目标和作用

总体目标：保证学生的自主性，提高学生的积极性，鼓励学生的创造性，力求活动的成效性，推进素质教育深入发展，营造优良的校风，真正把社团办成学生喜爱的家园、乐园和学园，使社团活动超市的开设与发展成为学校打造品牌的亮丽窗口。

（一）整合资源促发展

传统的管理方式已不符合社团的可持续发展需求，甚至在一定程度上限制了社团发展，现在通过整合资源，推行"社团活动超市"后，各个社团的资金、器材共享，解决了之前的很多弊端。

1.物资资源："社团活动超市"还专门设置办公室及仓库，社团人员只需登记便可交换或借用，改变以前社团"各自为政"的情况，大大提升了社团资源的利用率。

2.会员：各社团通过自身特色由社团超市统筹统一面向全校师生开放纳新。学生可自我分析、自主选择加入社团。

3.活动：社团活动超市由校团委统筹安排，定期发布系统的活动方案，供各社团选择举办。

（二）协作合作更融洽

"社团活动超市"激发了学生参与社团活动的积极性，推进社团文化建设的同时，也促进了学生对社会的了解以及对自身价值的认知，加强了学校各社团之间的联系，各社团间相互扶持。

（三）提升学生综合素质

社团超市作为校园文化的重要载体，为大学生提供了一个良好的锻炼机会，促进大学生的全面发展。结合我校"全方位育人"发展实施，让我们的学生在实践活动当中去领悟。

"社团活动超市"促进社团管理规范化，增强社团负责人的责任意识，使各社团充分发挥育人功能，培养大学生的创新能力，让社团真正成为大学生建设精神文明的乐园。

三、组织机构

组　长：王时芬

副组长：付盛忠　王　婷

成　员：赵　磊　赵海燕　徐高峰　孔玉林　张　艺　何　洋　杨　平
　　　　杨雪玲　刘　玲　陈新伟　马剑钧　张　恒（男）　文绍军
　　　　何志秀　瞿丽雯　兰　俊　冯劲松　范亚萍

四、社团活动职能

1. 管理社团相关事务（如社团招新、社团注册、社团财务、社团活动场地批准等）。

2. 为社团提供必要服务（包括帮助社团组织机构建设、帮助维持社团之间的联系等）。

3. 建立并维护学生社团与学校管理层之间的联系、组织全校性社团活动等。

4. 自身的工作（如宣传部负责自己活动情况宣传、社团活动宣传，办公室总体把握自身纳新等）。

5. 协调各二级学院的学生社团联合会的工作。

6. 负责新社团成立的申请工作、管理不足的社团的注销工作及社团的整体工作。

五、社团超市的下属机构

社团超市的基本下属机构有办公室、宣传部、外联部、组织策划部、新闻采编部、监督管理部、网络部、财务部等。

一般为主席，团总支书记，副主席，各部部长，团总支委员，干事的层层管理组织。各部门之间平行级别关系。每个部门基本设置职务为部长一名，副部长两名，委员一名左右，干事若干。一般每年秋季开学纳新并在每年期末换届选举新的各部组织人员。

六、常设部门

（一）办公室

1. 专门负责撰写各种稿件，简讯，并整理资料。

2. 全面负责大学生社团联合会日常工作，确定大学生社团联合会的工作目标和任务，集中力量抓好各阶段的中心工作。

3. 传达团委工作指示和任务，协调社团超市与各社团、社团与社团的关系。

4. 定期、不定期检查督促各部门的工作，督促并帮助各部门做好日常工作，加强内部人员的团结，充分调动各方面积极性，协调各方关系，争取各方面支持，指导各社团开展工作。

5. 做好每次例会的会议记录工作及日常事宜的登记工作。

6. 各种有关社团超市及社团事宜的表格绘制，整理保管社团超市内部及社团的资料。

7. 及时向社团超市及社团人员传达相关信息。

8. 每次大型会议或活动需到场并做好相关的记录工作，事后总结不足，提出改进意见，负责学生社团联合会的日常事务及，办公室值班工作。

9. 负责社团超市内部各种档案管理，归档、立卷工作及资料汇总等。

（二）宣传部

专门负责学校各个社团各种活动的宣传，出海报以及网络上的宣传工作。

（三）外联部

1. 负责联系其他学校社团联合会或其他学生组织，校内活动礼宾接待，寻求赞助等。

2. 负责联系校外的单位和企业，为社团超市及各社团举办的相关活动寻求赞助经费，并努力与这些单位保持长期合作关系。

3. 负责各种大型活动的外事工作，加强与校内、校外的各种组织保持良好的沟通和交流关系，不断地向外发展。

4. 负责与学院各级学生组织的交流工作。策划组织好各项文艺活动，及时挖掘、发现有文艺特长的人才及文艺爱好者，提供充分发挥的平台，为广大同学服务。

5. 每一次举行活动时，负责活动前后的安排工作。

（四）组织策划部

1. 策划与组织各项学生活动。

2. 负责会员会籍的管理、会员证的补办、档案材料的收集审核工作。

3. 负责干部培训、内部工作，组织活动。

4. 负责各种活动的通知及人员调配工作。

5. 负责每一年学生社团联合会与社团干部聘请书制作工作与发放。

6. 负责各种证书申请制作及横幅制作工作，负责活动前后的安排工作。

（五）新闻采编部

专门负责学校各个社团活动新闻的编辑、上传。

（六）监督管理部

1. 本着"公平、公正、公开"的原则，对社团以及社团超市内部考核监督。

2. 定期或不定期检查社团办公室（检查内容包括办公室值班情况、办公室卫生情况、办公室用电安全情况、办公室的作为情况）。

3. 各种社团材料的催收。

（七）网络部

专门负责社团超市活动网络安排，管理社团超市网站，以及社团活动的拍照等。

（八）财务部

1. 负责学生社团经费的统一安排。

2. 对各部门、社团财务收支情况进行监督，定期进行清算。

3. 编制学生社团联合会的年度预算、年终结算并公开。

4. 定期对各学生社团的财务进行清查，做好发票的收集、保存，负责学生社团经费报账工作并定期交由主席团和团委老师检查。

七、育人功能

（一）感恩，励志，实践教育育人功能。

（二）口才和胆量。参加或组织各种活动，经历得越多，在面对大场合时就越冷静。参加各种活动，考验的是能力，锻炼的是胆量，开阔的是视野。最后在求职群面试时，就会发现曾经经历的是一笔无形的财富。

（三）情绪稳定。经常与人打交道，不容易动怒。参加社团活动是享受，获得荣誉是骄傲。组织活动必须要考虑周到，过程是煎熬的，但在活动结束时，会比获奖者更激动，更开心。刚开始组织活动时，可能觉得事情很多，容易暴躁但是度过这一阶段之后，经历了各种事各种人，就会发现自己学会包容了，已经沉淀了，不会那么容易动怒了。

（四）学会文明礼貌。学生工作做久了，就能学会跟各种人打交道：作为学生，要跟老师打交道；作为干事，要跟部长打交道；作为班干部，需要组织同学，凝聚班级；作为部长，既要面对领导，又要带领干事；作为社团负责人，需要管理部长，完成老师布置的任务。不同的身份有不同的处理方式。

（五）社交面广。结交很多朋友，从他们身上学到很多东西。参加各种社团活动，会遇到很多同学；组织社团活动，会与不同院的同学交流合作。

（六）锻炼自己的思维能力和策划能力。怎么策划，怎么和不同的人打交道，怎么抗压，怎么做海报……也许现阶段会因为参加组织各种活动而心累，但这是多彩的大学生活，所获得的将是别的没有经历过的同学所体验不到的，这样的锻炼也只有现阶段才有，不管生活是否公平，但人生是公平的，自己努力地付出，丰硕的果实必会在某个角落等你。

（七）更加了解自己。在工作中逐渐发现自己喜欢什么，不喜欢什么，适合什么，不适合什么。

（八）实用。大学期间获得哪些荣誉，参加过哪些志愿者服务，担任过什么学生干部，不仅仅是简历上那简单的几笔，更是确确实实能力的提高。

八、社团活动超市品牌活动

序号	社团名称	主要活动	类型
1	艺术团	歌舞、杂技乐器，商、公、义、展演	文艺类6个
2	飞 young 团	校园歌手大赛	
3	合唱团	合唱大赛	
4	梦舞团	街舞广场舞大众舞比赛	
5	音乐社	流行音乐才艺展示大赛	
6	吉他社	吉他汇演比赛	
7	篮球协会	篮球比赛	体育类11个
8	足球协会	足球比赛	

续表

序号	社团名称	主要活动	类型
9	羽毛球协会	羽毛球比赛	体育类 11 个
10	乒乓球协会	乒乓球比赛	
11	体操协会	广播体操大赛	
12	跆拳道协会	跆拳道比赛	
13	武术协会	武术交流赛	
14	拳打博弈社	散打友谊赛	
15	黑鹰军事竞技协会	CS 比赛	
16	竞技枪王社	CS 比赛	
17	青春健康运动俱乐部	健康知识竞赛	
18	计算机协会	计算机知识 PPT 展示大赛	专业类 20 个
19	汽车装饰协会	汽车装饰设计大赛	
20	机电工程协会	机电工程设计 PPT 展示大赛	
21	测绘协会	测绘手绘展示大赛	
22	CAD 协会	CAD 作品设计大赛	
23	建筑模拟设计协会	建筑模拟设计大赛	
24	室内精装设计协会	室内精装设计大赛	
25	广联达协会	广联达软件运用 PPT 展示大赛	
26	电子商务社	电子商务创意设计大赛	
27	市场营销协会	市场营销计划书大赛	
28	广告设计协会	艺术广告设计大赛	
29	艺术设计协会	环境艺术设计大赛	专业类 20 个
30	民族风景写生创作协会	民族风景写生创作大赛	
31	针灸协会	针灸知识展示大赛	
32	医疗技术协会	医疗技术知识竞赛	
33	医疗救护协会	医疗技术技能大赛	
34	药学协会	药学知识竞赛	
35	GIS 协会	GIS 软件运用 PPT 展示大赛	
36	康复协会	康复知识竞赛	
37	测量协会	测量作品展示大赛	

续表

序号	社团名称	主要活动	类型
38	萤光公益	公益大使评选活动	公益类 9个
39	青年志愿者协会	星级志愿者评定活动	
40	生态环保协会	环保作品设计大赛	
41	心理健康咨询协会	心理健康知识竞赛	
42	卫生计生协会	卫生计生知识竞赛	
43	防艾宣传协会	防艾宣传设计大赛	
44	禁毒宣传协会	禁毒知识竞赛	
45	红十字会	人道博爱 奉献关爱活动	
46	感恩励志社	感恩演讲比赛	
47	墨澜古装文化协会	优秀传统文化作品设计比赛	文化类 16个
48	翰墨书法协会	书法比赛	
49	美术协会	美术作品比赛	
50	梦想英语俱乐部	英语口语大赛	
51	微电影展播协会	微视频作品评选大赛	
52	校园之声广播站	广播栏目评选大赛	
53	旅游形象协会	礼仪形象展示大赛	
54	动漫协会	动漫作品设计大赛	
55	演讲与口才协会	演讲比赛	
56	电子竞技协会	嘉年华电子竞技大赛	
57	贴吧协会	魅力吧主评选赛	
58	快闪协会	乐在瞬间活动	
59	话剧社	话剧展演	
60	汉服社	传统汉服花朝节	文化类 16个
61	清风文学社	征文比赛	
62	glimmer 影视社团	爱国主义电影影评评选活动	
63	梦航创新协会	创新创意大赛	创新创意类 3个
64	圆梦创意兴趣小组	创意设计大赛	
65	大学生创新创业协会	创青春挑战杯大赛	

九、社团活动超市要求

（一）本着自愿的原则，要对社团成员在课余时间进行相对专业的辅导，按照行事历的安排组织学生定期不定期地进行展示，以此来宣传该社团的特色及成果。

（二）社团招募新会员严格按照社团章程办理相关手续，各社团会员收费标准严格按照教育部下发《高校学生社团管理暂行办法》执行，控制在20~45元内（具体以通过注册或年审的社团章程会员会费为准），社团会费主要用于社团活动、社团干部培训、社刊编印、社团日常办公、社团会旗、会徽用品、社团表彰、困难会员补助。

（三）学生干部由校团委统一颁发聘书（需学生提交大学生骨干培养结业证和学生组织推选证明材料）。

（四）活动内容安排系统性、科学性。每次活动目标明确，指导教师认真提前做好安排工作。

（五）做到人员固定、活动时间固定、活动地点固定的基本要求。

（六）做好宣传工作，利用各种渠道宣传各项活动。

（七）校团委组织专门人员对社团的开展情况进行考核。活动评选"优秀组织奖""优秀指导教师""优秀学生干部""优秀学员"。

附件2

贵州城市职业学院"运动超市"体育活动方案

一、指导思想

为贯彻落实《中共中央关于加强青少年体育增强青少年体质的意见》文件精神，以全面实施《学生体质健康标准》、大力推进体育大课间活动为重点，同时也为切实加强学校体育工作，激发学生运动兴趣，培养学生的锻炼习惯，锤炼学生勇敢顽强、坚韧不拔的意志品格，促进学生在身体、心理和社会适应能力等方面健康和谐发展，培养学生积极主动的体育锻炼习惯。

二、活动主题

阳光运动 健康快乐

三、组织机构

（一）"运动超市"领导小组

顾问：蒙永福

组长：王时芬

副组长：付盛忠 李宏昌 王 婷

成员：刘 玲 陈新伟 文绍军 张 恒 杨雪玲 马剑钧 陈纪周

（二）"运动超市"办公室

办公室主任：高丽梅

副主任：陆志刚 周慧珍

成员：体育组全体老师 各二级学院学生管理副院长

四、"运动超市"体育项目

（一）球类项目：篮球、足球、排球、气排球、羽毛球

本项目运动地点：新老校区运动场、学生活动中心

（二）操类项目：健美操、广播操

本项目运动地点：新老校区运动场

（三）益智项目：象棋、围棋、五子棋、军棋

本项目运动地点：各二级学院学生活动室、运动超市办公室

（四）休闲体育：呼啦圈接力赛、五人六足

本项目运动地点：新老校区运动场

（五）电子竞技项目

本项目运动地点：新老校区游戏室

（六）其他项目：跳绳、踢毽子、田径、冬季长跑

本项目运动地点：新老校区运动场

五、活动实施时间：

（一）春季学期3月—6月中旬，秋季学期9月—12月中旬。

（二）每日下午4：30—6：30，各学院根据上报方案选择时段进行体育活动。

六、活动具体要求

（一）二级学院自选项目时须分析开展项目所具备的条件，如夏季不能选择

长跑活动，避免学生中暑等情况的发生。

（二）各二级学院在指定期间内选定好体育项目后，于每月底30日前向马列学院提交下月预开展该项体育活动的方案。由马列学院统筹、协调及分配体育活动的场地。

（三）相关二级学院获得学院批准后自行组织所选定的体育活动，原则上选定的每个项目开展周期为一个月，杜绝出现走形式的现象。

（四）各二级学院在开展体育活动期间须充分调动学生积极参与，要形成人人有项目，班班有团队，月月有活动，学校有比赛的浓厚的体育文化氛围，并于活动结束后向马列学院提交相关的图文材料。

（五）马列学院对各二级学院开展的体育项目进行技术指导，并对二级学院被选拔为裁判的教师和学生进行专业培训。

（六）领导小组办公室在各二级学院开展体育活动期间，将派员进行跟踪考核，并于月底结合各二级学院报送的图文材料进行总结。

七、活动目标

（一）通过认真学习和实践，使全校师生能深刻理解"每天锻炼一小时，健康工作五十年，幸福生活一辈子"的现代健康理念，并把这种观念深入到生活中去。

（二）注入快乐体育的全新理念，确立合作、竞争、快乐、主动、健康发展的体育工作观，增强学校体育工作的活力和吸引力。

（三）建立学校体育活动的长效机制，营造人人参与、个个争先的氛围，形成促进青少年健康成长的良好育人环境。保证每名学生至少掌握两项日常锻炼运动技能，养成终身体育锻炼的习惯。提高学生的思想道德素质和身体健康素质。

八、活动实施主要内容

（一）"运动超市"体育活动扎根班级，立足校园，开展班级体育联赛、二级学院友谊赛等。各二级学院要保证每月开展一项体育活动。

（二）根据学校的场地条件将跳绳、踢毽子、广播体操、各种健身操、各种小型体育游戏、竞赛活动、各种球类活动作为"运动超市"活动的主要内容。

（三）坚持并有效地发展学校竞技团队项目：健美操。

（四）体育活动由各二级学院和班主任老师组织，旨在培养学生对体育运动的乐趣和养成体育锻炼的习惯，促进学生体质健康。

（五）加强学校的体育业余训练，搞好学校各类运动队的日常训练，做到持之以恒，讲究方式方法，灵活多变，积极参加各类体育运动竞赛。

（六）每学期开展学校"运动超市"体育活动的展示活动，加大舆论宣传。

九、活动保障措施

（一）加强领导，保证时间，形成制度

以将快乐体育、趣味体育引入体育活动为主旨，强化活动的领导与管理，并建立各项管理制度，在活动的内容与形式、过程与评价上形成有效管理，充分挖掘校内外各种体育活动资源，不断丰富和发展活动的内涵，不断提升活动水平。

（二）合理安排，有效利用

按规定配足配齐体育器材，完善场馆设施。坚持公益性原则，充分利用场地器材，提高使用效率，确保学生课外体育活动的开展。

（三）预案得当，措施有力

制订严格紧密的安全紧急预案，有强有力的措施和救助方案。

（四）全员参与，注重评价，强化激励

坚持学生全员参与，学校领导紧密配合，突出活动的评价作用，总结工作经验并评比表彰奖励，对先进班级和个人予以适时激励，并将各种评价资料存档，作为学期考核评价的一项重要内容，纳入班主任、老师、学生系列考评中，以保证"运动超市"体育活动的有效开展。

十、其他事项

（一）贵州城市职业学院除"运动超市"的活动外，还须开展常规的体育活动和上级教育部门要求开展的活动。常规体育活动分别为：

1. 每年3月份的校园足球联赛；

2. 每年4月份的校级运动会；

3. 每年5月份的校园篮球联赛；

4. 每年6月份的校级广播操、健美操比赛。

5. 每年10月至11月的《国家学生体质测试》工作

各二级学院在自选体育项目时，请注意参加校级比赛队员比赛时间与二级学院的常规体育活动时间，避免冲突。

"运动超市"的最终解释权归马列学院所有，未尽事宜另做补充。

附件1：贵州城市职业学院运动超市月度体育项目申报表（略）

附件2：二级学院月度体育项目实施情况汇总表（略）

附件3：月度各学院体育项目考核表（略）

贵州城市职业学院

2017年11月20日

附件3

贵州城市职业学院汽车专业实训超市建设方案

为贯彻党的十八届三中全会和全国职业教育工作会议精神，深化产教融合、校企合作，进一步完善校企合作育人机制，创新技术技能人才培养模式，根据《国务院关于加快发展现代职业教育的决定》（国发〔2014〕19号）要求，大胆创新贵州城市职业学院现代职业教育工作，以建设实施汽车专业实训超市为试点践行现代职业教育，加强校企合作模式的现代学徒制教育，具体方案如下。

一、超市简介

贵州城市职业学院汽车专业实训超市是由贵州城市职业学院与贵阳京凯汽车维修中心校企合作成立的汽车专业实习、实训的基地。合作企业拥有花溪区一流的实训场地，先进的设备和具有一定规模且专业技术过硬、实践经验丰富的教师团队。与多家高职院校合作建立基地，具有丰富的合作育人经验。总部设在我院老校区附近，同时又在我院大学城新校区投入举升机、大梁校正仪等50余万元汽车维修设备，为我院学生实习实训提供了真实场景、设施设备硬件、实践丰富教师团队、企业规范的文化环境和工作操作流程等综合条件，形成了生产性校内实训基地，为建立开展实训超市实现学徒教育等现代职业教育提供了保障。

二、超市供应

（一）开展专业实训项目训练

1. 汽车发动机的维修及检测

2. 汽车电气设备的维修及检测

3. 汽车底盘的维修及检测

4. 汽车钣金维修

5. 汽车喷漆

6. 汽车美容

7. 汽车装饰

8.汽车营销

面向的专业有：汽车检测与维修专业、汽车电子技术专业、汽车营销与服务专业、网络营销专业。

（二）提供学徒制岗位（每个岗位可供5~10人一组，每组配备指导老师）

1.超市收银员

2.业务接待员

3.业务推广员

4.维修检测员

5.车险办理员

6.汽车装饰营销员

面向的专业有：汽车检测与维修专业、汽车电子技术专业、汽车营销与服务专业、会计与审计、电子商务、网络营销等。

（三）汽车、市场营销技能大赛获奖者培训

1.组织汽车、市场营销技能大赛经验分享培训

2.组织汽车、市场营销技能大赛现场实操培训

三、汽车实训超市功能

1.环境育人功能，在真实的职业环境中培养锻炼学生的专业技能，做到理实一体化的实践教学模式。

2.实践过程育人功能，实现学生上课如上班的职业教育理念，让学生在体会上班过程中感悟学习上课的重要性。

3.岗位育人功能，在真实的岗位上实践锻炼，真正地采用师傅带徒弟的学徒制教育，让学生掌握先进的专业技术，学以致用。

4.文化育人功能，企业规范的行业企业文化能让学生感受到企业文化对个人的职业素质和专业能力的需求，从而促使学生不断学习，以达到行业企业需要的相关能力。

5.团队协作精神育人功能，通过往届参加技能大赛获奖同学的培训，让学生带动学生，加强团队协作，激励学生积极参加培训，为参加技能大赛并取得优异成绩打好基础。

6.实现技能考证及鉴定功能，进行汽车维修工等工种的职业资格培训及技能鉴定，让学生的实训获得行业企业的认可，方便学生就业，提高学生就业竞争力。

7.社会公益育人，设置勤工助学岗位，为贫困学生排忧解难，让学生既能掌握技能，又能获得有偿助学帮助。

四、营业时间及地点

1.春季学期3月10日—6月中旬，秋季学期9月20日—12月中旬。

2.每日下午4：30到6：30，机电学院、商务学院根据上报方案选择时段进行实训。

3.勤工助学岗实践时间可在周末同时开展，具体以企业上班时间为准。

4.地点：新校区京凯汽修实训基地（学术交流中心旁）、老校区京凯汽修营业本部。

五、实训超市组织运行要求

1.校实训处统筹与校企合作企业共建实训超市，以提高校内实训基地有效利用率，通过实训超市运营模式为学生专业实践教学提供平台，不断提高学生及教师的职业素质和专业实践技能。

2.机电学院、商务学院根据超市供应结合相关专业制定实施细则，本着学生自愿报名的原则，由二级学院组建成小组报实训处，实训处统筹安排场地、指导教师、实训时间。以企业专人管理、实训处监管的形式保证超市的正常运转。

3.实训超市运作涉及使用场地、设备磨损维护、实训耗材消耗、校内外专业教师指导等，因此，学生需支付一定购买实训项目的相关费用，预计每人每学期500元，具体费用待调研后确定。收费采取学校财务统一收费方式，实训处拟定超市开支计划报校领导审批后报财务处列支。

4.实训处、合作企业、二级学院利用各种渠道开展宣传工作，鼓励更多的学生参与实训，掌握技能。

5.由实训处、合作企业共同制定学生在超市实训期间的实训手册，二级学院、指导老师负责组织指导学生按要求认真填写并于实训项目结束后5个工作日内提交实训处，作为考核二级学院、实训学生的依据，同时作为学生实训成果存档。

6.学生在实训超市实训结束除有实训手册外，还有经考核合格由合作企业发放的实训结业证书，成绩突出者可获得专业实践"先进个人""优秀学员""实践能手"等评优奖励且获得毕业后企业优先录用资格。

7.每学期期末由实训处组织一次实训超市总结既颁奖典礼活动，为实训中表现突出的学生、指导教师颁奖。

8.需要申请勤工助学的学生先在所在二级学院提交申请书及贫困证明,由二级学院汇总后提交到实训处,实训处联合合作企业进行评选,按每学期3~5名勤工助学岗位评选。

9.二级学院根据学生提交报名表情况进行汇总,以学院为单位提交实训处,每月25日前提交下月实训安排计划,实训项目原则上周期为一学期。

六、实训超市组织机构

(一)领导小组

顾　问:蒙永福

组　长:李宏昌

副组长:肖士斌　孔凡英

成　员:丁廷艳　郑　忆　仇学均

(二)实训超市办公室

办公室主任:丁廷艳

副主任:喻正刚(京凯总经理)　仇学钧　郑　忆

成　员:机电学院、商务学院实训科长、实训处全体人员、企业管理人员

贵州城市职业学院实训处

2017年12月12日

附件4

贵州城市职业学院经管实训超市建设方案

结合我院经管专业的目标——促进我院经管专业学生综合能力及素质提升,现我院将开展实训超市,以利于学生拓展知识及服务于人,特制定如下方案。

一、组织机构

(一)领导小组

顾　问:蒙永福

组　长:孔凡英

副组长:刘　玲　冯　静　郑　忆　杨艳红

成　员:李宇梁　封　清　姚冠男　朱　睿　宋　帅　廖子夜　刘燕婉

　　　　张丽蓉　莫广有　罗德艳及相关专业教师

（二）办公室

主任：郑 忆

成员：商务学院实训处全体成员及相关专业教师

二、开展地点和时间

地点：旅游酒店实训室（实训楼608）

时间：2018年3月10日以后。

开放时间：周一至周四16：30—21：30；周五、周六、周日不开放

三、超市供应

礼仪形体、调酒服务等。

四、项目（产品）介绍

（一）礼仪形体

以改善礼仪形体和塑造身体的形态、培养高雅的气质和风度为目标，改变形体动作不合理的原始状态，提高身体灵活性，培养良好的姿态和节奏感，增强可塑性和形体的表现力，掌握形体素质的基础训练和技巧方法，以达到良好的形体效果。其功能包括以下几个方面。

1. 塑造高雅的公众形象：由于人的自尊的需要以及人际关系和谐、融洽的需要，人们都希望自己在公众面前树立良好的形象，以受到别人的尊重和信任，因此，社会礼仪是塑造公众形象的非常重要的手段。

2. 增强单位组织的凝聚力：一个单位、一个企业提倡和践行公务礼仪，可以增强其凝聚力，这是一个社会组织使自己处于最佳发展状态的必备条件，使全体成员互敬互重，彼此信任，和谐共处，形成良好的风气和氛围。

3. 升华社会文明水平：形体礼仪是人的社会化的重要内容之一，是社会进步和发展的必然结果，礼仪内容的丰富和文明，是人类先进文化的延续，也是社会进步和文明的重要标志。

（二）调酒服务

调酒服务主要是在酒吧或特定的场所为客人提供鸡尾酒的调制和饮用服务，并让客人领略世界各地的鸡尾酒及其文化，提高人们生活水平和丰富个人修养。其功能包括以下几个方面。

1. 认识酒水知识：掌握酒水、鸡尾酒的定义和分类，并了解世界各地著名的鸡尾酒和名酒品牌及其特性，提高自身的知识储备和道德修养。

2.调制酒水服务：掌握酒水知识、酒吧文化、著名鸡尾酒的配方及其调制方法，为客人提供优质的鸡尾酒调制服务，并引领客人鉴别和品尝鸡尾酒，完成一整套鸡尾酒调制服务流程。

3.鉴别和品尝鸡尾酒：通过品尝和鉴别鸡尾酒，掌握鸡尾酒的文化知识和品尝鉴别能力，提升自身的品位和修养。

五、具体实施（分四个阶段进行）

1.调研阶段（2017年9月18日—20日）：针对2016/2017级旅游、酒店管理专业学生、2015/2016/2017级旅游、酒店管理专业学生、学校教师、校内商业人士进行调研。

2.准备阶段（2017年9月20日—2017年12月10日）：由商务学院实习实训科组织开展宣传，进行实训物资准备、授课准备，计划聘请校外专业教师授课。

3.开展阶段（2018年3月10日起，每学期期末提前2星期结束）：培训预计每项目开展2学时课程培训，按班级开展，每班编订10人；预计每天开放时间为16：30—21：30，每项目服务30分钟，一次服务可容纳6人。

4.总结阶段（每月最后一天）：每月最后一天进行总结，包括管理过程、操作过程、账目、物品等。

六、开展形式

兴趣培训式：学生可报名参与培训学习（不涉及证书），缴纳一定的教学、耗材费，预计每人每月100元，一学期无须再缴耗材费用。缴费后学生必须成为实训超市工作人员，服从实训超市的管理。

注：培训及服务缴费时给予相应票据。

贵州城市职业学院实训处
2017年12月12日

附件5

贵州城市职业学院基础美术实训超市建设方案

一、建设指导思想

为加强我校高职教育专业现代化建设，本着立足教学、服务行业与地方经济、产学结合、校企共赢的原则，提出基础美术实训超市设备配置标准与建设方案。实训超市的建设有利于强化基础美术实训专业教育相关课程内容与职业标准、企业行业实际需求的相互沟通与衔接，为有专业需求以及专业爱好趋向的学生提供相适应的实训条件。

二、建设基础美术实训超市的意义

素描课程、色彩课程与建筑手绘课程作为平面设计类、建筑设计类、数字媒体设计与制作、动漫设计与制作、环境艺术设计类等专业来说是专业基础课，从传统教学的角度讲，学生将通过课程的学习掌握和运用绘画造型的基础知识、色彩基础理论和基本技能，培养学生对客观物象的观察、分析、理解和表现能力，为进一步的专业学习和艺术创作打下一个良好的基础；拓宽思想、开阔视野，学习和研究古今中外的艺术作品，探索艺术造型规律和形式规律，培养学生创造性思维和审美感知及艺术的鉴赏能力，使得学生能完成基本的美术绘图以及手绘作品的设计。

三、组织机构

顾　问：蒙永福

组　长：李宏昌　付盛忠

副组长：李　进　陈新伟　李永江　丁廷艳

成　员：聂晓鹏　孔建国　李泽江　张进中

　　　　钟　力　张卜丹　张　钥　殷　亭

四、超市供应

1. 美术基础训练

实训主要目的是：第一，通过实训，使学生对美术作品有较深刻的认识，在专业设计时，能够运用美的形式规律，创造出具有艺术美感的作品；第二，通过实训，强化学生对美术基础造型及色彩表现的认识。

2. 素描

素描的任务是解决学生的造型能力、对空间的理解能力以及通过绘画素描来理解绘画的含义。理论和实践相结合是素描实训的基本要求，素描是感性和理性相结合的实践很强的学科，好的观察方法是画好素描的关键，只有确定对的才能画出正确的，对形体的比例、透视、空间、体积、质感的描绘，是实训的主要任务和目的，通过实训使学生有熟练和准确的造型能力。

3. 速写

速写是一门古老的艺术，它以在实验手绘中训练学生敏锐的观察能力、扎实的造型能力、极强的概括能力为目的，同时也是学生收集素材的重要手段，学生要随时随地注意观察生活中的一切，寻求美的东西，通过速写积累素材，为自己的创作或设计提供灵感来源。

4. 三大构成

通过学习和课题训练，培养学生的观察能力和造型表现能力，提高学生的创新思维和审美水平，为今后专业设计和表现设计预想图、精密描写图以及收集设计素材打下坚实的基础，使学生完成从素描走向设计的任务。

5. 各种手绘类

使学生能把握三维空间的透视感，并能运用各种表现手段来表现各种展示材料和材料的质地、色泽，描绘出和谐的色彩和空间，以及不同环境和光线下产生的丰富生动的环境效果，并能通过各种手绘工具，根据三视图绘制出展示图。

6. 艺术造型设计类项目

艺术造型设计是职业技能课，造型设计知识是提高学生造型能力和创意思维能力必须掌握的知识，实训造型基础整套体系理论知识的实践，造型设计实训不仅是形象塑造而且是展开联想、想象、夸张、变形等全新理念和独立设计思维的训练。学生通过实训，为艺术设计及后期项目实训打下基础。

五、基础美术实训超市地点及规划

1. 实训超市地点：城建学院教学楼画室（约120平方米）。

2. 实训超市现状

现实训超市仅有几何静物一套、投影灯光两组。

六、实训超市管理方案

管理人员：实训室由城建学院实训处统一管理，开放期间安排勤工助学学生进行专人值班管理。

开放时间：于2018年3月10日起开展，周一至周四（14：30—18：00），周六（8：00—17：00）。

在开放时间内可对全校学生开放。

七、实训超市对学生专业素养的提升

基础美术实训超市是针对设计行业或岗位的技能培养而设立的一个实训、实践环境，是系统的技能训练场所。它具有产学研一体化模式的特点，让学生在一个条件完善的工作环境下进行综合能力素质的训练。它对学生职业素养的培养主要表现在以下几个方面。

1. 创造性与实践性训练：实训超市提供了一个接近实际岗位的对技术技能训练的良好环境，在将综合能力训练拆解成模块的前提下，由学生自行设计组合搭配，在有目标的实践训练的同时给学生留下充分的自行构思、设计、创造的空间。

2. 灵活性与适应性训练：实训超市更可以灵活地根据实际要求确定所使用的工具、方法及工作程序。

3. 自信心与学习能力培养：实训超市模拟社会岗位群环境的培养为学生就业增强了自信心，实践实训超市有利于对学生就业自信心的培养。

建设具有专业性的实训超市，有助于提升学生的专业基础理论知识、专业技术应用能力，培养高职业素养的高技能人才。

贵州城市职业学院实训处

2017年12月12日

附件6

贵州城市职业学院艺术学院实训超市建设方案

一、组织机构

（一）领导小组

顾　问：蒙永福

组　长：李宏昌

副组长：杨　钦　文绍军　丁廷艳

成　员：王春蕾　陈　科　江春艳及艺术学院相关专业教师

二、开展地点和时间

地点：贵州城市职业学院新校区实训楼3楼（308.310画室）

时间：2018年3月10日以后。

开放时间：周一至周四16：30—21：30

三、超市供应

训练素描的绘制、艺术写生、色彩绘画、图案构成的创作等训练项目。

四、项目介绍

（一）素描

素描是一种素描美图，广义上指一切单色的绘画（注意：而非指以铅笔为绘画工具的绘画），起源于西洋造型能力的培养。狭义上专指用于学习美术技巧、探索造型规律、培养专业习惯的绘画训练过程。素描是一种基础但又十分重要的艺术形式。

素描是绘画的基础，绘画的骨骼，也是最节制、最需要理智来协助的艺术。初学绘画的人一定要先学素描，素描画得好的人，油画自然画得好。素描的起源，普遍是以文艺复兴开始，事实上希腊的瓶绘、雕塑都有良好的素描基础。初期的素描是作为绘画的底稿，例如作壁画先要有构想的草稿，然后有素描的底稿，同时也要有手、脸部分精密素描图。作壁画习惯上是不看模特儿写生的，完全要靠事先准备的习作素描和画家的记忆。近代素描已脱离了原来的底稿和习作的地位，可以成为艺术品来欣赏。学素描不只培养描写力，同时也培养造型的能力，仅仅是素描也可视为作品来欣赏。相反地单看油画作品就可知道作者在素描上的造诣如何。因此，素描是绘画的基础，也是绘画的骨骼，初学画的人无论如何要先认真学素描。素描在严格的解释上，只有单色的黑与白，但如果加上淡彩或颜色，仍可被视为素描。

（二）艺术写生

艺术写生首先是对整体画面色调的把握，其次是整幅画面的构图要舒服，再次是冷暖和纯度的变化，整体画面的光感，受光背光的统一，最后是有一种寄托于风景的情绪的表达。许多画家都在风景写生上下了很大功夫。

风景素描中，画面主体中心部分设置在中景居多，画面整体气势的把握至为重要，因此，刻画中应随时注意整体氛围的控制，在深入过程中，任何不恰当的细部刻画都将导致画面的不协调。待刻画结束时，要进行画面的调整和艺术处理，即调整主次虚实关系，以突出主体和画面视觉中心部分的精彩之处，弱化并简洁其他部分。同时，在表现手法与艺术处理方面上，应紧紧地围绕画面总体气氛做加工和调整，使之有和谐而富于艺术的美感。

（三）色彩绘图

对比是绘画中常用的一种手法，可以通过色彩的对比来增强作品的表现力。色彩的对比是指质或量相互不同的两种要素搭配协调，即被强调出来的一种现象，色彩关系通过对比的方法达到增强或削弱色彩的效果。

（四）图案构成

图案构成是一切设计专业课的基础，它通过对平面中抽象的点、线、面，按照一定的形式与法则的排列与重组，使学生掌握一种全新的造型设计的理念，掌握平面构成的基本理论和排列造型能力，从而开发出审美创造力，提高设计思维与设计多样的技法。

五、具体实施（分四个阶段进行）

1. 调研阶段（2017年10月18日—20日）：针对2015/2016/2017级喜爱设计专业学生。

2. 准备阶段（2017年9月20日—2017年12月10日）：由艺术学院实习实训科组织开展宣传，进行实训物资准备，授课准备。

3. 开展阶段（2018年3月10日起，每学期期末提前2星期结束）：培训预计每项目开展2学时课程培训，按班开展，每班编订15人；预计每天开放时间为16：30—21：30。

4. 总结阶段（每月最后一天）：每月最后一天进行总结，包括管理过程、操作过程、账目、物品等。

六、开展形式

兴趣培训式：学生可报名参与培训学习（不涉及证书），缴纳一定的教学、耗材费，预计每人每学期200元，一学期学习过程无须再缴纳耗材费用，缴费后学生必须成为实训超市工作人员，服从实训超市的管理。

注：培训交费时给予相应票据。

贵州城市职业学院实训处

2017年12月12日

附件7

贵州城市职业学院计算机实训超市建设方案

结合我院计算机相关专业的：学生计算机组装及维护、网络操作系统Linux安装及调试、交换机与路由器配置等实训，特制定如下方案。

组织机构

（一）领导小组

顾　问：蒙永福

组　长：李宏昌

副组长：杨庆虎　张　恒（男）　丁廷艳

成　员：肖凤春　罗莉琴　罗开凡及大数据学院其他专业教师

（二）办公室

主　任：杨先友

副主任：易 灵

成　员：张恒（女）　阎剩勇　何炜及大数据学院相关专业教师

二、开展地点和时间

地点：计算机网络实验室（S211）

时间：2018年3月10日起

开放时间：周一至周四16：30—21：30；周五14：30—16：30

三、超市供应

计算机组装及维护、网络操作系统 Linux 安装及调试、网络设备的安装及调试。

四、项目介绍

（一）计算机的组装与维护

课程的实践教学中，为增强学习的效果，我院从实验内容和考核方式上进行了改革，使学生在宽松的学习氛围中，既提高了对该门课程的学习兴趣，又掌握了一项实验操作技能。

实验1：认识硬件。通过理论讲解，使学生对计算机的主要硬件（主板、内存、CPU、硬件、光驱、显示卡、显示器）的性能指标和工作原理有一个感性的认识，通过网上对计算机硬件价格、性能的查询，结合市场调研，要求学生写出计算机硬件的调研报告及某个价位的配置清单，使学生从感性上对计算机组装产生兴趣。

实验2：计算机组装与维护。计算机组装与维护实验需要进行拆装，成本较高，破坏性较大，为此，我们采取的方法是利用现有实验室原有资源，例如我们采用2003年购买的清华同方机型进行拆装，要求明确拆装目标、拆装顺序、拆装过程中的注意点（曾经有学生拆硬盘上的螺丝）；在学生能熟练拆装这些机型的基础上，我们再给予拆装其他机型的指导。我们准备了15套目前较流行的计算机产品用于组装，进行分组实验，组装完成后经过教师检查，方可上电。使得学生既掌握了计算机组装的步骤，又能接触新产品。

实验3：常见故障的分析与判别。由于现行的计算机维修主要是板卡级的，替代法也是常用的方法之一。在实验过程中，要求学生能对实验2中出现的常见的一些故障能进行分析、判断，在相互讨论的基础上，自己能独立排错，以便解决实验过程中遇到的问题，从而培养学生的团队合作精神及独立分析问题和解决问题的能力。

实验4：系统的安装（XP和Windows Server 2003）。通过实验，使学生掌握系统分区、硬盘格式化、BIOS的设置、系统的安装、网线的制作等方法，能利用H3C的交换机组建一局域网。

实验5：有关系统相关软件的使用。该实验涉及五个方面的内容，要求学生必须掌握。

（1）系统的备份（GHOST的使用）；

（2）系统的优化（Windows优化大师的使用和注册表的了解）；

（3）系统的测试（Sisoft Sandra的使用）；

（4）常用杀毒软件的使用（瑞星、金山毒霸、卡巴斯基）；

（5）软件的下载和使用。

实验6：多媒体软件的安装与使用。

（1）图像处理软件；

（2）声音；

（3）播放器的安装与使用（豪杰、Real Player、暴风影音）。

（二）网络操作系统Windows Server 2003、Linux安装及调试

操作系统是计算机系统中用来管理各种软硬件资源，提供人机交互使用的软件。网络操作系统可实现操作系统的所有功能，并且能够对网络中的资源进行管理和共享。目前应用较为广泛的网络操作系统有Microsoft公司的Windows Server系列和Linux等。

1.操作系统功能

进程管理：主要对处理机进行管理，负责进程的启动和关闭，为提高利用率通常采用多道程序技术。

存储管理：负责内存分配、调度和释放。

设备管理：负责计算机中外围设备的管理和维护，包括驱动程序的加载。

文件管理：负责文件存储、文件安全保护和文件访问控制。

作业管理：负责用户向系统提交作业，以及操作系统如何组织和调度作业。

2.网络操作系统特点

（1）支持多任务：要求操作系统在同一时间能够处理多个应用程序，每个应用程序在不同的内存空间运行。

（2）支持大内存：要求操作系统支持较大的物理内存，以便应用程序能够更好地运行。

（3）支持对称多处理：要求操作系统支持多个CPU，减少事务处理时间，提高操作系统性能。

（4）支持网络负载平衡：要求操作系统能够与其他计算机构成一个虚拟系统，满足多用户访问时的需要。

（5）支持远程管理：要求操作系统能够支持用户通过Internet远程管理和维护，如Windows Server 2003操作系统支持的终端服务。

（三）网络设备的安装及调试

计算机网络技术综合实训室主要用于电子信息系计算机网络技术及其他相关专业学生进行IP地址划分、交换机与路由器配置、网络安全等有关专业课程实训。

五、具体实施（分四个阶段进行）

1.调研阶段（2017年10月10日—12月10日）：针对2016/2017级软件技术、计算机网络技术学生、学校教师、校内商业人士进行调研。

2.准备阶段（2018年3月1日—2018年3月8日）：由大数据学院实习实训科组织开展宣传，进行实训物资准备和授课准备，计划聘请相关专业教师授课。

3.开展阶段（2018年3月10日起，每学期期末提前3星期结束）：实验室预计每天开放时间为16：30—18：30，可容纳32人。

4.总结阶段（每月最后一天）：总结学生做实训存在的问题及解决办法。

六、开展形式

（一）兴趣培训式

学生可报名参与培训学习（不涉及证书），缴纳一定的教学、耗材费，预计每人每学期80元，一学期无须再缴纳耗材费用，学生缴费后必须服从实训超市工作人员的管理。

（二）计算机网络技术调试

主要学习交换机配置技术、路由器配置技术。缴纳一定的教学、耗材费，预计每人每学期80元，学生缴费后必须服从计算机实训超市的管理。

注：培训及实训交费时给予相应票据。

贵州城市职业学院实训处

2017年12月12日

附件8

贵州城市职业学院中医疗养实训超市建设方案

结合我院护理专业的目标：促进健康、预防疾病、恢复健康、减轻痛苦，现我院将开展实训超市，以利于学生拓展知识及服务于人，特制定如下方案。

一、组织机构

（一）领导小组

顾　　问：蒙永福

组　　长：李宏昌

副组长：常　铭　杨雪玲　丁廷艳

成　　员：毛作榕　周　茜　吕相群　卢　悦

　　　　　周其江及医护学院相关专业教师

（二）办公室

主　　任：毛作榕

副主任：杨富琴

成　　员：谌木清　附秀婷　侯静　秦　旭

　　　　　田丹洋及医护学院相关专业教师

二、开展地点和时间

地点：传统康复实训室（B304）

时间：2018年3月10日起

开放时间：周一至周四16：30—21：30；周五至周六开放时间为14：30—18：00；周日休息

三、超市供应

中医刮痧疗法、拔罐疗法、经络穴位推拿（头、颈、面、躯干）+面部护理、神灯治疗仪治疗、艾灸、保健按摩等项目。

四、项目（产品）介绍

（一）刮痧

刮痧是中医最常见的疗法之一，刮痧可以扩张毛细血管，增加汗腺分泌，促进血液循环，对于高血压、中暑、肌肉酸痛等所致的风寒痹症都有立竿见影之效。其功能为主要包括以下几个方面。

1.促进代谢：人体每天都在不停地进行着新陈代谢的活动，代谢过程中产生的废物要及时排泄出去。刮痧能够及时地将体内代谢的"垃圾"刮试到体表，沉积到皮下的毛孔，使体内的血流畅通，恢复自然的代谢活力。

2.舒筋通络：现在越来越多的人受到颈椎病、肩周炎、腰背痛的困扰。这是因为人体的"软组织"（关节囊、韧带、筋膜）受损伤时，肌肉会处于紧张、收缩甚至痉挛状态，出现疼痛的症状，若不及时治疗，就会形成不同程度的粘连、纤维化或瘢痕化，从而加重病情。

3.调整阴阳："阴平阳秘，精神乃治"。中医十分强调机体阴阳关系的平衡。刮痧对人体功能有双向调节作用，可以改善和调整脏腑功能，使其恢复平衡。

（二）拔罐

1.通过拔罐这种保健手法，我们能够将身体之中的寒气以及湿气从皮肤组织中拔出来，这样身体之中邪气就会减少，长期如此精神自然也会越来越好。

2.通过拔罐的手法还能够起到美容养颜以及瘦身的作用。

3.如果有腰椎盘突出或者是身体中某一个位置的组织出现了损伤，使用拔罐这种方法也能够有一定的效果。长期坚持拔罐，能够有效地减轻疼痛，症状也会慢慢地好转。

4.拔罐能够令身体中某一个位置的经络更加通畅，体内的内分泌得到调节，不仅血液循环的速度加快，同时肠胃的蠕动速度也在加快，这样体内的消化能力就可以提高，新陈代谢加快，体内的脂肪也会减少，最终起到安全减肥的目的。

5.拔罐其实就是火罐中的空气和外部的空气形成一个负压，使火罐能够紧紧地和皮肤表面黏在一起，而这种力能够对神经、肌肉以及血管等进行牵拉，这样也能够对内分泌系统以及神经系统起到调节作用。专家告诉我们，长期坚持使用拔罐这种中医手法保健身体，能够增强血管的调节功能，血管壁的通透性也会越来越好，对身体中的血液循环能够起到很好的促进作用。

6.为什么脏腑功能会出现异常？为什么身体健康会出现变化？这主要是由

于身体受到了外邪的入侵导致的。这些外邪进入身体之后会通过经络到达全身各地，令身体中的气血运行出现异常情况。而拔罐则能够起到舒经活络的效果，帮助血管扩张，这样血液运行自然就顺畅了。拔罐具有温热的作用，能够有效地增强血管壁的通透性，促进身体健康。

（三）经络穴位推拿、面部护理：

1. 免疫系统：可提高人体的免疫抗病能力。促进淋巴液循环，提高人体排毒功能。

2. 消化系统：可以加速肠胃蠕动，促进肠胃消化液的分泌，使胃肠道平滑肌的弹力、扩张力及收缩力增加，令人不容易便秘及积聚毒素。

3. 神经系统：可使神经系统产生兴奋，加速传递反射作用，从而改变内脏的活动。例如刺激第五胸椎，可使贲门括约肌扩张，同时亦可消除一些病症。

4. 血液系统：可使沉积在血液中的有害物质得以清除，同时达到降低血脂的功效。

5. 美容：令皮肤血管扩张，使其润滑具有弹性，达到改善面部及身体皮肤的功效等。

6. 对循环系统、运动系统、呼吸系统也有一定的功效。

（四）神灯治疗仪：

1. 改善血液循环：可使照射部位血管扩张，血流加快，血液循环得以改善，对供血不足引起的某些疾病有治疗作用。

2. 镇痛：降低神经兴奋性，缓解肌肉痉挛，改善供血，加速血液、淋巴液回流，清除致痛物质，对多种原因引起的疼痛，如关节疼痛、胃脘痛、痛经有良好的止痛效果。

3. 消炎消肿：使血管扩张，血液循环加速，渗出物吸收，炎性产物清除加快，局部免疫物质增加，抑制病原体，促进浅表性炎症消散，对慢性前列腺炎、慢性支气管炎有良好的作用。

4. 改善肌肉功能状态：消除肌肉痉挛，降低纤维结缔组织张力，增加其弹性，松解粘连，软化瘢痕，对寒湿性腰痛、颈椎病、关节炎有良好的改善作用。

（五）艾灸

通经活络、行气活血、去湿逐寒、消肿散结、回阳救逆、防病保健。

五、具体实施（分四个阶段进行）

1. 调研阶段（2017年9月18日—20日）：针对2016/2017级护理学生、2015/2016/2017级药品学生、学校教师、校内商业人士进行调研。

2. 准备阶段（2017年9月20日—2017年10月27日）：由医护学院实习实训科组织开展宣传，进行实训物资准备和授课准备，计划聘请校外专业教师授课。

3. 开展阶段（2017年10月30日起，每学期期末提前2星期结束）：培训预计每项目开展2学时课程培训，按班开展，每班编订30人；预计每天开放时间为16：30—21：30，每项目治疗30分钟，一次治疗可容纳6人。

4. 总结阶段（每月最后一天）：每月最后一天进行总结，包括管理过程、操作过程、账目、物品等。

六、开展形式

（一）兴趣培训式

学生可报名参与培训学习（不涉及证书），缴纳一定的教学、耗材费预计每人每学期80元，一学期治疗无须再缴纳耗材费用，且缴费后学生必须成为实训超市工作人员，服从实训超市的管理。

（二）治疗式

校内学生或教师可进入超市进行项目理疗（每项理疗每次需缴纳耗材费20元）；校外人员也可进入实训超市进行项目理疗（每项理疗每次需缴纳耗材、治疗费40元）。

注：培训及治疗交费时给予相应票据。

贵州城市职业学院实训处

2017年12月12日

附件9

贵州城市职业学院大学生创业孵化园管理办法
（试行）

大学生创业孵化园是一个集大学生创业资讯提供、创业项目孵化培育、创业实践锻炼、大学生创业比赛、大学生创业经验交流的平台。学院决定将新校区电商小镇临街60余间门面和创意工坊作为学院支持大学生创新创业的场所。为培养我校的大学生建立创新创业思想、理念，具备创新创业素质，提升大学生创业技能，助力创新、创业活动在我校的开展，用电商小镇和创意工坊建设贵州城市职业学院大学生创业孵化园（以下简称"创业园"）。为保证创业孵化园的正常运行，特制定本管理办法。

第一章　总　则

第一条　贵州城市职业学院大学生创业孵化园是在学校创新创业工作领导小组直接领导下，由校大学生创业孵化园管理委员会负责指导和管理，以培育大学生创业意识和企业家精神为宗旨，为学校创业教育、大学生素质拓展提供实践环境，为大学生试创业提供指导与帮助的一个机构。

第二条　创业园是我校校内大学生的创业实践基地，通过提供创业场地及相关扶持政策，为大学生提供创业实践平台，规范引导园区内大学生创业团队创业实践，使大学生及其创业团队在经营管理、资本运营、团队协作、公共关系、风险竞争、法律契约、开拓创新等方面得到锻炼和提高。

第三条　入园的企业分为模拟企业和实体企业两类。模拟企业指为满足大学生创新、创业需求而组建的暂时未在工商行政管理部门进行登记注册的模拟性质的企业。实体企业指大学生已在工商行政管理部门注册登记的法人实体。

第二章　组织机构及职责

第四条　为加强对大学生创业孵化园的管理，根据学校规章制度和创新创业工作机制规则，成立校大学生创业孵化园管理委员会（以下简称"管委会"），管委会成员由学校分管领导任管委会主任，校创新创业工作领导小组办公室主任任常务副主任，教务处、科研处、校团委、就业处、学生处、后勤处、保卫处、继续教育部、职培处、实训处、信息技术处、财务处和各二级学院负责人为成员。

管委会职责为：

（一）评审入驻企业的申请，对符合条件的企业（项目）给予批准；

（二）研究解决创业园入驻企业在创业过程中的困难；

（三）协调入驻企业与地方工商、财税等各有关部门的关系；

（四）研究聘请校内外专家、专业教师、创业成功人士等为学生创业提供指导和服务，包括管理、营销、技术、法律、财务、心理等方面的咨询；

（五）审核创业园的发展规划，指导创业服务工作和入园企业的创业活动。

第五条　管委会下设创业园管理办公室（以下简称"办公室"），负责创业园的日常管理工作。

一、办公室主要职责为：

（一）做好创业园日常管理工作，监督各创业团队遵守园区内各项规章制度和相关法律法规；

（二）负责受理创业团队的申请和组织专家（管委会）评审工作，指导创业团队进驻大学生创业园；

（三）发布创业园办事流程、创业信息、服务资源等公共信息；

（四）不定期开展"创业沙龙"活动，组织大学生创业团队分享创业心得，交流创业经验，提升创业技能；

（五）为达到退出条件的创业团队办理退出创业园的手续；

（六）负责创业园的宣传、校企合作及市场推广；

（七）完成管委会交办的其他工作。

二、在管委会统一牵头下，除设立创新创业项目实践组，负责创业园的日常运营与管理外，还需要设立创新创业项目评审组，负责大学生创新创业项目的评价；设立创新创业活动安全组，负责创新创业项目的安全运行；设立创新创业活动保障组，负责创新创业活动的后勤保障及费用处置等工作；设立创新创业活动推荐组，负责创新创业活动项目的孵化和推荐（办公室部门机构设置视创业园规模大小而定）。

第三章　创业团队的入驻条件与程序

第六条　企业入驻基本条件。

一、申请入住创业园的企业应具备以下基本条件 。

（一）入驻对象为我校在校学生（含毕业五年内学生）及其创业团队；

（二）入驻企业的创新、创业项目应符合国家和贵州省产业政策（或贵安新区）的相关规定，如与本专业、学科联系密切的创业项目，可予优先考虑；

（三）申请入驻的团队应该具有较好的项目，有一定的科研创新水平，市场前景较好，能创造较好的经济效益和社会价值；

（四）需具备一定的项目启动资金和风险承担能力；

（五）无违法记录和不良行为记录；

（六）能自觉遵守创业园的相关管理制度。

二、实体企业入驻附加条件。

（一）必须是在工商行政管理部门登记注册的法人实体；

（二）企业法人代表原则上为在校大学生（或本校已毕业5年内的毕业生），愿接受创业园的管理规定；

（三）法人拥有企业营运所必需的营运资金和从业人员。

三、模拟企业入驻附加条件。

（一）有较成熟的模拟项目；

（二）有明确的项目负责人；

（三）有模拟项目营运的启动资金和工作人员，能保证项目的正常运营；

（四）有较完善的管理制度。

第七条 入驻程序。

一、提交企业入驻申请材料。

二、不同种类企业提交相应的材料。

（一）实体企业提供的材料有：入驻申请表；商业计划书（或项目可行性研究报告）；公司相关管理制度、企业章程；法人代表（及创业合伙人）简历和身份证原件及复印件；营业执照证明原件和复印件；企业委托创业园管理办公室代办相关手续的，须提供注册登记所需的有关证明资料；在校生提供学生证原件及复印件，毕业生提供毕业证原件及复印件。

（二）模拟企业提供的材料有：入驻申请表；商业计划书（或项目可行性研究报告）；模拟企业相关管理制度；模拟企业法定代表人（及创业合伙人）简历和身份证原件及复印件；在校生提供学生证原件及复印件，毕业生提供毕业证原件及复印件。

三、提交材料的步骤。

（一）入驻企业填写《企业基本情况登记表》。

（二）创业园管理办公室进行初步审核后，报管委会审批。

（三）管委会审批合格的企业，需签订《企业入驻创业园孵化协议》《安全责任协议》。

（四）签订入驻孵化协议的企业，必须在一个月内正式入驻创业孵化园。逾期不入驻者，视为自动放弃入园资格。

第四章 入驻企业享受优惠待遇及应遵守有关规定

第八条 创业园为入驻企业提供以下服务和优惠。

一、免费为入驻企业开通水电照明，免费铺设网线和电话线，开通网络和电话服务，保障入驻企业日常业务能正常运行；

二、免收入驻实体企业前半年场地租赁费，后半年收费打八折；

三、免收模拟企业前半年所有场地租赁费用，后半年减半收费；

四、指导或协助办理工商、税务登记和变更、年检及企业代码、银行开户手续；

五、提供政策咨询，为入园单位的发展提供政策保障，并争取政府资金支持。联系有协作关系的咨询公司或通过专家库为入驻企业提供技术和管理上的咨询服务（有偿或无偿）；

六、提供文讯、打字复印等有偿服务；

七、帮助企业解决其他有关事宜。

第九条 入驻企业需遵守的有关规定。

一、严格执行本管理办法及与办公室签订的《企业入驻创业园孵化协议》《安全责任协议》中所有规定，并积极支持、协助、配合办公室开展的各种创业服务工作；

二、遵守创业园相关物业管理规定，不能有影响他人学习或生活的行为；

三、按规定及时缴纳场地租赁费、管理费、网络/电话费、水电费、卫生费等各项费用；

四、如实填报不涉及商业机密的报表和统计数据；

五、创业园其他相关规定。

第五章 入驻企业管理及期限

第十条 创业园对入驻企业实行合同制管理方式。

第十一条 对实体企业进行如下管理。

一、实体企业接到入驻创业园的通知后，需在5日内与创业园管理办公室签订入驻协议，作为未来双方权利与义务的约定文件；

二、入园企业经批准的创业项目，在入园经营过程中不能擅自变更。若确实因外部原因导致经营项目变更的，需提出变更申请，经管委会审议批准后，才可实施经营项目变更。对于未经批准擅自变更的企业，一经发现将逐出创业园。

三、入园企业每季度、每年度需向创业园管理办公室提交季度、年度经营报告，于季末下月15日前（或次年1月15日前）提交，以便办公室能随时掌握入园企业的经营情况。

四、对于入园企业因经营不善，难以取得预定结果的，创业园管理办公室有权提前终止其在创业园的经营资格。企业对此有异议的，可向学校创业管理委员会提出申诉。

五、对于不按规定时间提交经营报告的企业，办公室可责令其补交。在规定时间仍拒不补交的，办公室可终止入园企业的经营资格，责令其提前退出创业园。

六、创业园办公室可视入园企业经营情况，定期（或不定期）对入园企业经营状况进行检查，对发现的问题，督促问题企业按期整改。对拒不按期整改的企业，可提前终止入园企业的经营资格，责令其提前退出创业园。

第十二条 对模拟企业进行如下管理。

一、模拟企业接到入驻创业园通知后，需在5日内与创业园管理办公室签订入驻协议，作为未来双方权利与义务的约定文件；

二、对于入园后活动开展少、效果不佳的模拟企业，创业园办公室有权收回场地，终止入场企业的经营资格。

第十三条 入园企业不得私自转租园区场地，不得擅自对园内设施进行改造，不得转移或损坏园内设施。

第十四条 大学生创业企业的入园年限一般为一年。如果企业有延长时间需求，经企业申请，校管委会批准，可最多延长一年。

第十五条 对符合国家和贵州省产业政策（或贵安新区）相关规定的重点项目，或与学生所学专业联系密切的创业项目，经学生申请，可适当延长驻园时间，但最长不超过一年。

第六章　入驻企业退出

第十六条 协议期满退出。入园企业协议期满的，应及时到管理办公室办理退出园区手续。

第十七条 主动申请退出。入园企业在创业实施过程中，因经营不善、经营困难的，可提前与管理办公室提出退园申请，经批准后可退出园区经营。

第十八条 责令退出。入园企业有上述违反园区管理规定，或违反国家相关法律法规，及下述情形之一的，由管理办公室发出《入驻企业退出通知书》，责令其按期退出创业园。

一、经管委会再次评审，认定为不合格的；

二、驻园期间，经营场所经常处于空闲或关闭状态，或占用场地开展与创业无关的业务，或私自将创业场地转租（转让）、挪作他用的。

第十九条 创业成功后退出。对成功孵化出壳的入园企业，可提前向管理办公室提出退园申请，经批准同意后，可办理退园手续退园。

第七章 附 则

第二十条 本管理办法适用于贵州城市职业学院大学生创业孵化园入驻的企业管理。

第二十一条 本管理办法若涉及费用，经学院创新创业领导小组负责人签批后，按财务管理规定办理。

第二十三条 本管理办法自发布之日起实施。

第二十二条 本管理办法由贵州城市职业学院大学生创业孵化园（电商小镇和创意工坊）管理委员会负责解释，并视情况出台相应的具体管理附则或措施。

附件 10

贵州城市职业学院"十二五"教育事业发展规划

（2011—2015年）

为了实现全面推进学院的教育改革和发展，进一步提高教育教学质量和办学效益，培养高技能人才，服务地方经济的目标，根据《国家中长期高职教育改革和发展规划纲要》和《贵州省中长期教育改革和发展规划纲要》的任务和目标，结合亚泰职业学院和贵州经济社会发展的实情，特制定本规划。

一、"十一五"期间的办学成就

（一）花溪校区的建成并投入使用，为学院的发展提供了坚实的物质基础

2005年开始建设花溪新校区，历经3年多建设，花溪校区建成并投入使用。新校区实际面积120多亩，建筑面积9万平方米，可容纳学生7000人。虽然整个新校区面积不大，但是建筑错落有致，设施齐备，校园优美，这不仅为学院的发展提供了可靠的保障，而且花溪校区的投入运行，一改过去长达4年租赁办学、流离失所的状况，为学院教育教学的高效运行和有效管理提供了良好的条件。

（二）教育规模发展适度，专业结构布局合理

学院现有建筑工程、市场营销等26个高职类专业，全日制在校高职学生6000余人。各类中职类专业10多个，全日制在校学生400余人。学院继续教育方面，职培处在国家职业技能鉴定、自学考试等方面，与西南联大和省内的贵州财经学院等有关本科院校联办开设有会计学、旅游管理等16个本科层次专业，大学本科自考类学生累计400多人。学院的教育规模发展与学院目前的硬软件条件基本相称，在教育结构上体现了以高职教育为主，中职教育和成人教育为辅的合理布局。

（三）师资队伍建设初见成效

学院现有在岗职工226人，其中专职教学岗位189人，教授6人，副教授25人，讲师50人，助教98人。博士3人，硕士29人。在读研究生26人，专业带头人、教学骨干20多人。

近几年来，学院非常重视师资培养，出台激励措施，要求教师每年到行业、企业一线进行实践学习，使教师了解到了所教专业的相关行业、企业的一线信息动态，训练并提高了教师的专业教学能力。学院还加大了教师培训力度，采用"请进来、送出去"的培养方式，通过学习培训，一批高职理念鲜明、高职教育素质和能力较强、积极主动参与专业建设和课程改革的教师脱颖而出，成为学院教育教学的骨干、中坚。

（四）教学改革成效显著，教学质量明显提高

近几年来，学院大力加强内涵建设，推进教育教学改革，在专业建设、课程建设与课堂教学、校企结合与工学结合的人才培养模式、学生专业技能训练、学生就业体验、顶岗实习等方面取得了显著成就，有效地提高了教育教学质量。具体为：

1.优化整合专业建设，初步构成了与经济社会发展相适应的高职专业结构

"十一五"期间，学院针对专业面太广太散、专业群建设薄弱、教学资源紧缺、运行效益低的一系列问题，对原有专业进行优化整合，构建了建筑工程、经济贸易、管理工程、电子信息、艺术传媒五大专业群，并且组建了相应的管理教学单位，成立了五个系。

2.校企合作、工学结合的人才培养模式基本形成

学院高度重视校企结合、工学结合这一高职教育的有效人才培养模式的构建，确立了"全方位、全过程"的校企合作、共同育人的策略，几年来，学院

先后与省内外企业签署校企合作协议29家，有深度合作并取得显著成效的有10余家，初步在贵阳市各大酒店和部分大企业，以及在珠江三角洲和长江三角洲建立了校外实训基地。

3. 改革课堂教学，加强质量工程建设

学院着力改革课堂教学，实施直观教学、理实并重、创业驱动、技能导向等课堂教学方法。学院十分重视质量工程建设，构建了教学常规主体、教学督导主体和学生评价主体，建立了教学质量监督、评价和控制系统。

4. 学生职业技能训练与比赛常态化，有效提高了学生的专业能力

实习实训改革方面，学院狠抓学生职业技能训练，各专业制定训练方案，做到了"人人参与，人人提高"。从2009年上学期起，学院每个学期举行一次"学生职业技能大赛"，聘请企业、行业的专家现场点评，把企业行业的标准引入到训练与比赛中，实现了"以赛促学，以赛促教，以赛促练"的目标，有效地提高了学生的专业素质与能力。随着教学改革的深化，教学质量普遍提高，我院学生在参加省乃至全国的相关职业技能比赛中取得了不少好成绩，在教育厅组织的技能大赛中连续两年获得全省第一名，受到了社会和省相关部门和媒体的好评和关注。不少专业的学生参加所属行业的职业资格考试，也取得了可喜的成绩。学院已为社会培养了3470名高技能人才，毕业生就业率达95%以上，社会对学院的认可度逐步提高。另外，学院从2007年起，制定了《贵州亚泰职业学院2+1改革实施意见》等相关改革办法，并在2008级各专业开始实施顶岗实习，受到了企业和学生的普遍欢迎。

（五）"以教学为中心"的地位牢固确立，教学工作得到了足够的改革支持和条件保障

学院领导通过大会宣讲学习及在《校报》和校园网上撰文论述，使"以教学为中心"这一认识深入全院广大教职员工和学生心中。学院举全院之力，为教学工作提供足够的政策支持和条件保障。在收入分配上向一线教师倾斜，奖励在教学工作中和科研工作的成绩优秀者。学院高度重视教学实训条件的改善，近几年来，学校新建了8个基础实训室、6个专业实验室和18个多媒体教室。目前学院教学仪器设备总值已达1000多万元，比三年前翻了一番。学院每年投入足够的经费购置实训教学材料，基本保证了各专业校内实践教学活动的顺利开展。

（六）强化德育工作，全面提高育人质量

学院加强学风建设，把思想教育和行政管理手段结合起来，构建了系（部）、党委办公室、团委三位一体的德育体系。通过系上班主任日常思想教育，党委办公室开展党课讲座、心理咨询，团委积极组织学生参加社团活动，丰富了学生的德育工作内容，并取得了较好的效果和成绩，如在2010年参加贵州省教育厅组织的校园文化活动月中获得了多个奖项，在贵州省大学生运动会中获得了优异成绩。

（七）教育管理规范运作，运行效率不断提高

为了使学校管理更加规范化和程序化，2010年制定完善了《贵州亚泰职业学院管理制度》和《部门管理制度与程序》，严格执行教学管理规范，做到了工作有计划，实施有步骤，检查有标准，考核有结果，保障了教学秩序稳定运行。学院建立健全了学生学籍档案，实现了学籍管理的规范化、常态化。加强了考风考纪建设，规范了考试工作。建立了督导办，组建了专兼职结合的督导员队伍，通过听课和检查来实现对教学质量的监控。学院每学期的学生座谈会和教师座谈会也常态化，广泛收集一线师生对教学的意见和建议。一系列行之有效的管理工作，极大地提高了学院教育教学工作的运行效率。

二、存在的主要问题和困难

（1）土地问题严重制约了学校的发展。因为学校是租赁贵阳矿灯厂闲置土地建校办学，投资已过亿元，租赁期限20年，但是资产却始终无法过户到学校名下。由于没有土地使用证而被教育部亮了黄牌，使学校面临办学困境。

（2）学院办学特色不够鲜明，缺乏名牌专业。学院现有26个专业，尽管其中的建筑工程专业群及经济贸易和管理专业群有些优势，但是没有形成品牌效应。当然，由于我们办学时间不长，起点比较低，品牌效应在短时间内还不能形成，这对学院的办学规模和发展起着制约作用。

（3）师资队伍建设还要下大力气。目前学院的师资队伍建设尽管在数量和素质上都取得了一定的成效，但专任教师中，双师教师不多，部分教师对所教专业目前行业、企业一线情况还不是很了解，加之占教师总数60%以上的青年教师基本上出校门就进学院的门，更缺乏职业教育的素质与能力。师资队伍的业务能力尚不能满足高职教育的要求，尤其缺乏专业带头人和高水平的名师。

（4）专业实验室建设投入不足，严重影响了实训和实践教学。由于民办高

校都是依靠自身实力滚动发展，没有任何外来资金投入，致使我们几个系的专业实验室建设进展缓慢。

三、"十二五"教育发展规划（第三个五年发展规划）

（一）编制依据

（1）《国家中长期教育改革发展规划》（2010—2020）——"大力支持民办教育，清理并纠正对民办学校的各类歧视性政策，健全公共财政对民办教育的扶持政策"。

（2）《贵州省中长期教育改革和发展规划纲要》（2010—2020）——"建立税收优惠、政府贴息、土地使用、教师保障、学生资助和举办者合理回报等方面政策措施。到2020年，力争民办高校发展到15所，学生规模15万人以上，使高校在校学生总人数达到93万人"。

（二）指导思想

以邓小平理论和"三个代表"重要思想为指导，全面贯彻落实科学发展观，落实国家中长期教育改革与发展规划纲要对职业教育所提出的目标任务，突出高职教育特色，坚持"以育人为宗旨，以就业为导向"的办学方针，走校企合作、工学结合之路，培养一大批服务经济社会发展的高素质高技能人才，建设质量优良、特色鲜明的高职学院。

（三）发展思路

巩固在教育教学内涵建设和硬件建设上的成果，充分利用适合学院发展的各种有利条件，大力解决制约学院发展的各种困难和问题，深化教学改革和管理体制改革，面向市场，面向地方，更加注重发展的质量，走提高质量效益优于规模发展之路，注重以高职教育为主，中职和成人教育为辅布局合理的教育结构，提高学院的办学竞争力，把学院发展的重心放到内涵建设上，把工作重点放到强化办学特色、全面提高育人质量上，坚持"稳定规模，优化结构，提高质量，办出特色"的办学理念，确保教学工作的中心地位，把教育质量视为学院发展的生命线，走可持续发展之路。

（四）发展目标

1. 总体目标

第一，稳定高职，拓展高中教育。

到2014年，在稳定学院高职在校生6000—8000人，自考本专科学生800人的同时，开展国际学历（"3+1""3+2"）开发与合作项目，创办1~2所国际化示范高中。创建以高职教育为主，高中教育、中职教育和继续教育为辅的规模适度、结构合理、特色鲜明的教育集团。

第二，提高教学质量，迎接人才培养评估。

教学质量是学校的生命线，"十二五"期间，要从规范入手，建立和完善教学管理制度，制定和不断完善人才培养方案，加强教学监督，规范教师教学行为，加强校风、教风和学风建设，努力使学院教学质量上新台阶，迎接教育厅专家组人才培养评估，并保证顺利通过，实现教育教学新跨越。

第三，深化教育改革，创建特色实践教学。

实践教学是整个教学的重要环节，对高职院校而言，实践教学如何，将直接影响到学生技能的提高程度。学校要按照"就业导向，技能本位，面向一线，服务社会"的理念，切实抓好实践教学环节。

目前，学校的综合实验室和各个系的专业实验室的建设有待进一步加强，职业院校必须要进行课程实训、专业实训和社会实践。因此，我们不仅要有完善的实验室，还要有完整的实训、实习计划，纳入教学计划，同时加快校外实训基地的建设。因此，一方面要加强实验室建设和校外实训基地的建设，另一方面要加强技能训练和积极参加贵州省乃至国家技能竞赛，并把技能训练和技能竞赛的课程融入人才培养方案中，确保此项工作有新成效。建筑学院要在保持全省技能大赛冠军基础上，力争参加全国建筑技能大赛并取得好成绩，其他各个分院更要积极参与，努力取得较好名次。

第四，优化整合资源，强力推进专业建设。

高职教育要及时跟踪市场需求的变化，主动适应区域、行业经济和社会发展的需要，根据学校的办学条件，有针对性地调整和设置专业。要根据市场需求与专业设置情况，建立以重点专业为龙头、相关专业为支撑的专业群，辐射服务面向的区域、行业、企业和城镇，增强学生的就业能力。在巩固现有26个专业基础上，学院将围绕贵州省经济社会发展战略，积极申报新专业，使专业数量达到40个以上，并按照"服务地方、注重特色"的原则，优化布局学院专业结构，提高专业整体建设水平。

2. 具体目标

（1）稳定发展高职教育。到2015年，在学院现有全日制高职学生6000多人的基础上，使在校全日制高职学生达到10000人规模，高职教育专业36个以上，建成能满足学生技能训练的实训室和实训基地。并走国际化合作教育，采取"3+1"模式（即三年在亚泰就读，第四年到国外大学就读，拿亚泰文凭和国外大学文凭），拓宽高职教育新领域，形成新的经济增长点，同时也为高中国际部牵线搭桥。

（2）适度发展中职教育。到2015年，学院的在校全日制中职学生达到1500人，加强和改善对中职教育教学的管理，巩固中职教育的成果。

（3）积极拓展高中教育，在地（州）市建设一所高中，2013年秋季开始招生，到2015年，高中在校学生达到2000—3000人，并且努力办成国际化示范性高中，带动高职的发展，延长产业链。

（4）实施升本工程，实现教育的可持续发展。重新征地600亩，再建一个新校区，2015年实施升本工程，2019年实现教育层次提升，2020年力争本科学生达到2500人，并逐步扩大本科招生人数。

（5）持续发展继续教育。到2015年，通过扩大与省内知名高校联合开展成人本科学历教育，使自考学生达到800人。积极开展国际学历（"3+1""3+2"）开发与合作项目，拓宽新的经济增长点，提高社会和经济效益。

（6）建成一支与学院教育教学相配套、相适应的高水平、高素质、高技能的教师队伍，提高学院中层干部的水平和能力。到2015年，专任教师达到400人，其中，高级职称达30%，硕士研究生达25%，双师素质的教师达40%，使高校、企业、行业的兼职兼课教师达173人，优化师资队伍的学科结构、学缘结构、学历结构和职称结构，进一步加强教学团队建设，建成院级优秀教学团队6个，省级优秀教学团队2个。"十二五"期间，对学院的中层干部进行轮训，使干部的政治理论水平、工作业务能力得到较大幅度提高，以更好地适应新形势下各类教育对干部的要求。

（7）强力推进专业建设。优化整合传统专业，大力发展国家经济社会发展急需的医药专业、教育专业和现代服务类专业，到2015年，学院将建成文化教育类、医药类、现代物流类、经济贸易类、建筑工程类、管理工程类、电子信息类七大专业群，使学院的专业总数达到40个以上。其中，第二产业（工业）设2个系，10个专业（含方向）（着眼于资源深加工）；第三产业（服务业）设5个系，40个专业（含方向）。

（8）开展精品专业建设，实现省级精品专业零的突破。到2015年，要努力建成1个省教改试点专业或一个省级精品专业，2个校级精品专业。进一步探索"校企合作、工学结合"的办学模式，校企共同开发高职特色的教改教材10种，建成8门院级精品课程、2门省级精品课程、1门国家级精品课程，建成与七大专业群相适应的5个院级示范实训基地、2个省级示范实训基地。

（9）进一步推进管理体制改革，切实提高管理水平，巩固和扩大精神文明建设成果。形成成熟的现代高校管理体制，使以人为本、民主管理、依法治校和专家治教理念在学院管理中得到充分体现，实现管理制度规范化、管理队伍专业化、管理手段现代化、管理效率高效化。加强校园精神文明建设，进一步提高师生员工的思想道德素质和修养，建成省级示范学生公寓，打造省级平安示范校园，构建起具有鲜明高职特征和较高文化品位的生态校园、人文校园、和谐校园。

（10）进一步强化人才培养模式的创新，力争在2011—2013年通过贵州省教育厅的人才培养评估。继续实施"2+1"人才培养模式改革，不断探索校企培养人才新途径；继续推行"双证书"联动培养人才新方法，要在2010级试行基础上总结提高，逐步在全校范围内推广实施。认真做好人才培养评估准备工作，加强教学规范性和教育管理的有效性，为升本工程奠定良好的基础。

（五）措施与途径

1.强力推进专业建设工作

学院坚持"服务社会设专业，依托行业建专业，校企（校）合作强专业"的专业建设思路，以校企（校）合作为基础，以课程改革为突破口，全方位带动课程体系建设、校内外实训就业基地建设、优秀教学团队建设、专业群品牌与特色建设、社会服务功能建设等教育教学工作。

（1）本着"服务社会设专业，依托行业建专业"的专业建设思路，进一步广泛深入到发改委、计生产委人力资源部门以及行业、企业、学校进行全面、客观的调研，就目前行业经营、生产及发展状况、人才需求等进行分析，以分析的结果作为设置新专业、淘汰旧专业、整合所有专业的依据，使学院的专业设置和建设与服务社会、依托行业有机结合起来，不断做大、做强、做精学院的重点特色专业。

（2）实行"对接非均衡"的专业发展策略。针对学院专业多，专业建设人力、物力、财力投入的实际情况，学院将进一步推行非均衡的专业发展策略，建设好现有的5大专业群，积极发展教育和医药（或者现代服务）两个新的专业群，使学院的重点建设专业群与区域产业布局、产业行业重点相对接。一方面弘扬建筑工程、经济贸易等专业的传统优势，实施特色建设，扩大学院的知名度与美誉度；另一方面，对现代教育、现代服务业等专业，实行重点投入、重点建设、重点倾斜、重点监控，尽快做大做强。在专业建设顺序上优先保证学院的重点专业建设，然后再依托重点专业的辐射作用全面推进其他专业建设。学院将在人力、物力、财力上优先保证重点专业建设的需要，在搭建校企（校）合作平台、构建工学结合人才培养模式、推进课程改革等方面提供强有力的支持，积累专业建设的成功经验将其在其他专业建设中推广，带动非重点建设专业进一步做好自身专业建设，最终取得让我院各个专业百花争艳的可喜成果。

（3）本着"校企（校）合作强专业"的专业建设思路，实行"全方位、全过程"的校企（校）合作做好做强专业的建设策略。在专业建设上，与企业（校）实现全方位进行专业建设：联合确立专业培养目标，联合安置专业学生实训就业。全过程做到三个结合（专业教学过程中实行工学结合，专业实训过程中实行工学结合，专业顶岗实习中实行工学结合），使我院的各个专业都能借助行业企业（校）的优势，共同培养符合市场需要的专业人才。通过与行业、企业（校）联合办专业，共同培养专业人才，拓宽办学空间，增强专业实力，提高学生适应社会的能力，教育培养出高质量的专业技能人才。

2.落实加强师资队伍建设的各项措施

坚持"优化结构、稳定骨干、造就名师"的方针，按照"质量控制、适应发展、评聘结合、重在使用"的原则，"十二五"期间，采取送培转型、优聘引进、联合培养与独立培养等方式，着力实施并加强师资队伍建设。

（1）进一步加大骨干教师、专业带头人、教学名师和优秀教学团队的建设力度。一方面为学院现有的骨干教师专业带头人、教学名师创造条件、提供平台、压担子，使之能带头搞科研、出成果，起到教师中领头羊的作用，并积极争取推荐其为省级教学名师。另一方面继续从教师中选拔素质好、教学和学术水平高、科研能力强、能不断开拓进取且具有高级专业技术职务的教师作为学术、学科和专业建设带头人，为他们进一步创造条件，加大支持力度，积极发挥他们的作用，推荐具备条件者参加部、省级优秀人才选拔。

（2）加大引进高层次人才的力度。加强"硕博工程"建设，修订出台《学院高层次人才培养和引进管理办法》，形成更为合理的高层次人才培养遴选、费用承担、薪酬待遇和事业拓展机制。根据专业建设的需要，加大力度引进中青年专家、复合型优秀人才、双师型人才，引进紧缺专业特别是优化学科梯队中缺门的学术带头人，以此来优化充实我院的教师队伍。

（3）加强教师进修、培训工作。一是加强"转型工程"建设。根据专业调整的需要，对不适应学院发展需要的专任教师通过选送到国内外高校培训，到企业、行业一线蹲点锻炼等方式，让其转型为适应学院专业建设所需要的人才。二是加强教师的专业进修、培训，提高其专业素质、能力和水平。这项工作要有步骤、抓重点、分层次推进，并规范化、制度化。三是鼓励教师在职攻读硕士、博士学位，鼓励教师到企业、行业一线实践锻炼。在开展教师普遍培训的基础上，重点抓好中青年骨干教师的培训工作。

（4）鼓励教师积极开展教研、科研工作。切实营造学术氛围，加大开展学术交流活动和学术进修的力度，热情鼓励教师参加国内外学术会议，听学术报告，进行专题进修和课题研究，聘请兼职专家对专业、学科建设进行全面指导，鼓励学院教师同外单位联合搞科研。

（5）合理配置教师资源，实现教师队伍优合组合。为此，按照《教师法》和《高等教育法》的规定，学院新进教师原则上应具备硕士研究生及以上学历，学院现有45岁以下教师应在5年内通过再职攻读硕士学位途径逐步取得硕士研究生及以上学历或学位，45岁以下的中青年专任教师在5年内应通过资格考试等途径取得非教师系列的专业技术资格证书或职业技能证书，或到企业行业一线进行不少于两年的实践锻炼，以提高双师型教师比例。

（6）建立一支稳定、高水平的"双师素质"的兼职教师队伍。根据专业建设的需要，从实训基地或其他高校聘请一批具有丰富实践经验、高水平的企业专家、技术骨干作为学院的兼职教师，承担开讲座、教学、实习指导等任务。

（7）深化师资队伍管理体制改革。实现教师管理由封闭式管理向开放式管理转变，由主要依靠行政手段管理向结构化管理转化。要根据教师队伍的择优性，人员上的流动性，管理上的开放性、层次性和目标性，不断充实加强院、系两级师资队伍建设的领导力量和管理力量，建立健全各项制度。继续深入开展劳动人事分配制度、编制管理制度、职务聘任制度、考核制度、奖惩制度等改革，使有关制度的制定和实施能积极促进师资队伍的建设。

（8）加强教师思想政治素质的培养，提高教师职业道德水平。师德修养是教师最重要的素质，要通过思想教育和榜样示范引导教师崇尚师德、爱岗敬业、爱生爱校、严谨治学、教书育人、为人师表。要根据新时期教师的特点，结合教师的思想和工作实际进行思想政治工作，讲究针对性和实效性，树立起教师爱专业、爱学生、爱学校的责任心。要协调各个方面，坚持把师德工作的系统建设与强化教育改革、推进教育事业的发展、加强社会主义精神文明建设有机结合起来，认真实施上级领导有关加强师德建设的各类文件精神，结合学院实际，真正抓出成效。

3. 深化教学改革，切实提高教学质量

（1）全面启动课程建设与改革工程，构建基于工作过程的高职课程体系。本着以就业为导向，以职业技能为本位，以岗位需要和职业标准为依据，以满足学生职业生涯发展的需求，适应经济社会发展和科技进步的需要为目标，按照实际工作任务、工作过程和工作情景来组织各专业的课程，形成以任务引领型课程为主体，具有工学结合特色的理论和实践一体化的高职教育课程体系，实现高职教育课程模式和培养模式的根本转变。先由各系选取一个具有辐射作用的重点专业，制定专业课程体系建设计划并实施先行试验。其内容包括课程体系建设，课程开发，教学设计，实训、实践教学等。

在试点专业课程建设取得一定试验的基础上，启动全部专业群课程建设工作，其工作任务是完成精品专业、精品课程、精品教材等建设工作，全面提高学院专业建设的总目标。学院在人力、物力、财力上支持教师的课程建设与改革。

（2）改革课堂教学，提高课堂教学质量。要求学院教师以高职教育观念来设计并实施自己的课堂教学，彻底改变那种教师一讲到底或一味依靠课件进行教学的单调、消极、被动的课堂教学方式。提倡教师在课堂将专业理论与专业实际紧密结合，启发学生积极参与课堂教学，在课堂上动脑、动口、动手，师生双边互动，将专业知识的学习与专业技能的培养在课堂上有机结合起来，提倡课堂教学充满活力与动感。学生在课堂进行技能训练和讨论的过程中，教师要切实做好组织和指导作用，切实提高教学质量。

（3）进一步探索适合各专业的人才培养模式，培养合格的高素质、高技能专业人才。在实施工学结合的人才培养模式，拓展专业，行业（校）参与人才培养的深度和广度中，根据各专业的不同特点，推广"订单培养"及"工学交替"，实施"2+1"或"2.5+0.5"的培养模式，初步建立适合生产性实训和顶岗实习要求、校企双方共同参与的教学管理、质量保障及监控的教学制度和运行机制，力争培养出一批职业素质好、专业能力强、技术应用水平高、深受用人单位欢迎的合格的高素质、高技能专业人才。

（4）积极试行学分制，加强学籍管理改革。积极推行学年学分制，探索试行弹性学制，逐步试行学分制和辅修专业，以满足学生对本专业、本课程以外的不同专业和课程学习的需求。辅修专业应以增强学生自主创业能力为原则，以培养社会需求的复合型人才为目的，培养学生专业素质和适应不同岗位（群）的能力。规范学院选修课管理工作程序，加大人文素质选修课比例，增开创业选修课程，全力提高学生综合素质，培养学生创业意识和创业能力。

（5）狠抓学生的职业技能训练，提高学生的专业技能。各专业在人才培养方案中要定出符合专业人才培养目标的各项专业技能训练项目，培养训练的实施安排与平时的课堂教学同步进行，也支持利用学生课余时间对学生进行训练，将二者有机结合起来。提倡并大力支持各专业开展每期一次的职业技能大赛，以赛促练，对组织得好、学生参与面广、积极性高且效果好的单位和个人给予荣誉和奖金的奖励，使我院学生的职业技能迅速而有效地提高。

（6）强化教学质量监控，严格规范教学管理。进一步完善具有我院特色的教学质量监控和保障体系，探索教学督导工作新机制，建立评估长效机制，坚持领导干部听课制度，建立并实行每年一次的教学单位评估、专业评估、课程评估、实践教学评估等机制。建立健全教学管理制度与机构，进一步规范教学人员、教学管理人员岗位职责。强化考试管理，逐步建立以能力考核为主、常规考试与技能测试相结合的考核体系，进一步推行教考分离，努力促进教风与学风良好改观。

4.加强实训基地建设，为教学改革和教学质量提高提供保障

（1）加强专业实验室建设。各个系要根据现有专业的实际，在建设好校内专业实验室基础上，实施部分校外重点实训基地建设项目，实现教学、生产、科研三结合，服务地方经济；联合行业、企业实体，在校内共建现代服务业的训导基地，建设服务于职业教育和社会培训的公共平台，充分发挥社会效益；开展校际合作，建好文化教育校外见习实习基地。

（2）各专业要根据自身的专业特点和学生数量建设1~3个校内外实训基地或校内仿真实训室。各系要组织各专业教学团队，对实训建设项目进行充分论证，制定科学的实施方案，提高设备使用率和项目建设质量，提高实训基地（含实训室）的建设水平。各实训基地在建设过程中，不仅要进行硬件建设，还要注意软件建设，在确保实践教学质量的基础上，探索工学结合、产学合作的

运行机制，充分达到既培养人才又服务地方经济社会的理想效果。

5. 全面推进素质教育、提高育人质量

（1）坚持"一条主线"的工作原则，坚持把大学生素质教育贯穿于人才培养工作的全过程，多渠道、多形式、全方位地开展大学生素质教育工作，并不断向纵深发展，务求取得实效。建立"三系配套"的工作体系，即党政纪工团齐抓共管、部门协调配合的组织领导体系，学生与学院、学生与家庭、学生与社会、学生与用人单位综合评价体系，院系两级管理，以系为主、条块结合、师生密切配合、上下互动的工作体系，保证素质教育各项工作的全面推进，提高素质教育工作水平。

（2）确立"四位一体"的目标体系。一是突出德育与安全首位，加强学生思想道德教育和安全教育；二是强化能力本位，着力学生职业能力培养；三是注重文化品位，提高学生的人文修养；四是确立身心健康的重要地位，加强学生心理健康教育，努力塑造人格健全的合格人才。强化素质教育工作的"四个结合"，在全面推进大学生素质教育工作实践中，要努力形成学校与企业、社会相结合，教学与生产、科技推广相结合，理论与实践相结合，能力与专业知识及综合素质相结合的素质教育工作格局，力争取得素质教育的良好效果。

6. 大力加强校园精神文明建设，创建美好校园

（1）加强思想政治教育，提高师生思想道德水平。以理想信念教育为核心，深入进行正确的世界观、人生观、价值观教育；以爱国主义教育为重点，深入进行民族精神教育；以思想道德建设为基础，深入进行公民道德教育。通过教育提高师生员工的思想道德修养，为学院又好又快发展奠定良好的思想基础。加强教风、学风和作风建设，促进良好校风的形成。按照"抓作风、促教风，以教风带学风"的思路，一是弘扬求真务实的精神，加强领导作风和部门工作作风建设，营造良好的管理育人、服务育人氛围。二是以规范教学行为、学术道德建设和严谨治学为重点，加强师德师风建设，严格考核管理，培养严谨治学、敬业奉献的良好教风。三是坚持正面教育引导与严格的制度约束相结合，着力培养团结勤奋、求实创新的优良学风。

（2）加强法制建设，创建平安和谐校园，依法办校，加强校园治安综合管理，创造良好有序的校园环境。加强校园文化建设，创建人文校园。大力加强大学生文化素质教育，开展丰富多彩的各项活动，加强对学院报纸、院内社团

及刊物上的管理和指导，宣传学院办学指导思想、办学思路、校训、校风、办学定位等内容，使之成为凝聚和鼓舞师生的重要载体。抓好绿化、美化、亮化工作，努力创建园林式、生态型校园，为师生创造优美、舒适的学习和工作环境。

7.扎实做好招生就业工作，保证人才产品的进口与出口渠道畅通

（1）拓宽生源渠道，稳步扩大办学规模。学院从调整优化专业结构，狠抓重点专业建设入手，着力提高教学质量，以良好的社会声誉吸引更多的优秀高中毕业生报考我院。与国内、省内知名企业合作实施联合办学，实行资源共享，优势互补，共同打造实销对路的人才产品，从而提升我院的办学水平与能力，以赢得考生的青睐。加大宣传力度，努力提高第一志愿报考率和报到率。

（2）大力做好成人继续教育和多种形式的职业技能培训及职业资格鉴定工作。充分利用现有的办学条件和优势，扩大自考、培训等成人继续教育招生规模，积极开展各类职业技能培训和鉴定，争取政府支持，使继续教育工作在量与质上有明显提升。

（3）狠抓招生和毕业就业工作，努力提高就业率和就业质量，在招生工作中，落实"全方位"工程，继续坚持"招生任务全员化、招生信息网络化、招生面向社会化、招生重心基层化"的"四化"原则。努力构建"全程抓招生工作，全员抓招生工作和全面抓招生工作"的"三全"招生工作新格局。强化毕业生的市场意识、竞争意识和创业意识，促使毕业生树立"先就业、后择业、再创业"的就业观念。内联外引，加强与用人单位的交流与合作，依托兴业优势，力争每个专业建立至少两个就业基地，构建稳定的毕业生就业基地和网络体系，努力提高毕业生的就业率和就业质量。

8.提高管理水平，全力做好管理工作

学院的管理工作是实践"十二五"规划的各项目标任务的关键所在。要通过管理创新，探索建立现代高校管理体制，不断提高管理水平。

（1）继续坚持并完善董事会领导下的院长负责制，进一步健全教学工作委员会、学术委员会及教职工代表大会制度，积极推行政务公开、院务公开，形成董事会领导、院长负责、教授专家治学、民主管理的现代高效管理体制，大力促进决策的民主化、科学化。

（2）进一步完善院、系两级管理，以系为主的管理体制，明确责、权、利关系，合理扩大系的自主权，调动系的办学积极性。进一步深化人事制度改革，

建立"能进能出、能上能下、能高能低"的竞争淘汰机制，深化分配制度改革，建立适应学院特点的工资及津贴分配制度，为造就优秀人才提供良好的制度环境。进一步改革学生管理模式，明确院、系两级管理职责，加强学生管理队伍的建设，提高学生自我教育、自我管理、自我服务的能力，逐步形成教育、管理、服务为一体的学生管理工作新机制。进一步推进后勤改革，提高服务保障水平，为学院的建设与发展提供有力的后勤保障。

（3）建立高效精干的行政管理系统，按照"压缩行政、加强一线、精简效能"的原则，建立"职能明晰、运转灵活、统一协调、精干高效"的党政管理运行系统，精简管理机关人员，严格机构人员编制，使非教学人员比例逐年下降。进一步建立健全各项规章制度，坚持依法依章治校。加强干部教育与培训，提高干部素质，建立一支专业化管理队伍。加快信息化建设，以网络基础设施和基本网络技术为支撑平台，积极开发教务、科研、学生管理等系统。建立基于校园网络的各种信息查询系统，构建数字化校园，实现管理方法手段的现代化。

2011年3月

附件11

贵州城市职业学院"十三五"事业发展规划

（2016—2020年）

"十三五"时期（2016—2020年）是学校主动适应经济新常态，坚持创新驱动，纵深推进改革，实现内涵发展，全面提高办学质量与水平，持续提升学校核心竞争力，实现学校办学层次由专科升格本科的关键时期。根据《国家中长期教育改革和发展规划纲要（2010—2020年）》《关于加快发展现代职业教育的决定》《现代职业教育体系建设规划（2014—2020年）》《高等职业教育创新行动计划（2015—2018年）》《贵州现代职业教育体系建设规划（2013—2020年）》等文件精神和经济社会发展需要，围绕贵州省、贵阳市和贵安"十三规划"建设内容，围绕贵州省"深入实施教育提升工程"与贵阳市全面落实"教育立市"的战略部署，结合学校发展实际，特制定本规划。

一、现实基础

（一）"十二五"时期办学成效

1.加强基础设施建设，夯实学校发展根基

学院坐落在风景秀丽的贵阳花溪大学城，新校区校园规划占地1383.8449

亩，建筑规划面积50万平方米，总投资为15亿元人民币。学院老校区占地面积120亩，现有校舍面积12.8万平方米，拥有教学楼、图书馆、学生食堂、学生公寓和运动场以及各个专业的实训实验室和模拟仿真工作室。2011年12月，省政府438号文件批准同意学院进入大学城建设新校区。经过近四年的建设，新校区已经建设成为设施先进、配套完善、功能齐全、环境优美的崭新校园，为学院人才培养提供了强有力的条件保障。生均校舍建筑面积60平方米，生均教学科研行政用房20平方米，适用纸生均适用图书100册。学院具有功能完善的校园网络系统。

2. 深化人才培养改革，探索工学结合模式

围绕拥有"朴实的职业品质、踏实的职业作风、务实的职业态度以及现实的职业理想与行为取向的高素质技术技能人才"的目标，积极推行"工学结合、知行合一"的人才培养模式，校企协同搭建合作育人平台，在订单培养、工学交替、任务驱动、项目导向、顶岗实习等方面进行了积极探索，构建了产教对接的政校行企合作育人平台，探索试行了"现代学徒制"人才培养模式。

3. 专业契合产业发展，建设成效日益突显

学院从强化顶层设计入手，紧密结合贵州实施开放带动、创新驱动发展战略要求，围绕贵州特色优势产业和战略性新兴产业发展需求，确立了"依托行业、对接产业、锁定职业、服务就业"的专业建设思路，瞄准贵州产业转型升级开设新专业，根据市场需求实现专业动态调整，形成了"学校对接行业，专业对接产业，学生对接职业"的专业建设模式。学院现设6个二级学院，共有43个专业，有城建学院、商务学院、医护学院、机电学院、艺术学院和大数据学院，其中能源动力与材料大类1个、资源环境与安全大类2个、土木建筑大类7个、装备制造大类4个、食品药品与粮食大类1个、交通运输大类2个、电子信息大类5个、医药卫生大类2个、财经商贸大类9个、旅游大类2个、文化艺术大类3个、新闻传播大类3个、教育与体育大类1个、公共管理与服务大类1个。为契合贵州省传统产业转型升级与新兴战略产业发展，学校现构建了城市建设、卫生健康与护理、电子信息与自动化、机电技术、商务与管理、文化艺术等六个专业群。

4. 发挥民办机制活力，加强双师队伍建设

学校发挥民办教育办学机制活力，努力突破体制约束和市场分割，建立吸

引和稳定优秀人才的长效机制，通过实施"强师工程"等一系列措施，努力营造吸引人才、留住人才、用好人才的良好环境。"十二五"期间，学校以开放的胸襟和市场化机制引进培养了一批骨干教师和专业带头人，已形成一支"专兼结合、结构合理、素质优良、实力雄厚、充满活力"的"双师型"师资队伍。学校拥有实力较强、结构合理、素质精良的师资队伍。现有专任教师572人，生师比17.83：1。兼职教师115人，占专任教师的20.10%。特别是，通过着力打造骨干师资提升平台，解决了核心骨干教师退休养老的后顾之忧。完善教师考核评价机制，改革人事分配制度，激发教师的创新活力。

5. 科研水平稳步提高，持续拓展教学与科研，是民办高等教育赖以生存和可持续发展的基础。学院高度重视教学与科研工作，制定了有关教学与科研管理的规章制度和奖励办法，先后出台了《贵州城市职业学院教学管理规范》《贵州城市职业学院学生日常行为规范》《贵州城市职业学院科研项目管理办法》等200余个教学与科研管理制度，还编印了教师守则和学生守则及学院管理制度，规范学院管理和引领学院教学与科研健康有序发展。现有校级专业带头人13名、教学名师3名、骨干教师38名，有校级精品课程8门、重点建设专业群6个、骨干专业12个，特色专业6个，校级优秀教学团队5个。近五年，学院专兼职教师以贵州城市职业学院为第一作者单位或申报单位，公开发表学术论文80余篇，主参编国家级统编教材校企合作校本教材45部；出版著作5部；先后承担了国家级、省级、院级科研课题65项。学院内设"贵州城市职业学院应用技术研究中心"。学院教学科研成果为贵州特别是贵阳市和贵安新区行业、产业、企业发展提供了一定的智力支持。

6. 办学特色逐步凝练，办学活力不断增强

学院办学特色集中表现在构建了具有城院特色的"亲情化"校企合作模式。在推进产教融合、校企合作、工学结合的进程中，贵州城市职业学院探索出一条新路子，构建了一种新模式，即充分利用民办高职院校"母体"丰富的教育教学资源，分专业、按类别、有步骤地推进学院学生与"母体"各子公司技术人员顶岗置换，推进校企深度融合；各个分院、专业结合自身特点与实际需要，与往届优秀毕业生共建"城院学长传帮带、高职学子一家亲"的"亲情化"校企合作模式，增进了城院学生的归属感与幸福感，提升了顶岗实习的效率与效果。在这种城院特有的校企合作模式运行的过程中，广大城院学子坚持"精技立业"，践

行"职教兴黔",共同培育与打造了具有"工匠精神"的城院品牌职教人才。

7. 学院招生就业两旺,办学成效硕果累累

"十二五"期间,学院招生就业两旺,注重学生应用能力培养,学生在全国性和省级职业技能大赛中,连续六年获得全省建筑技能大赛第一名,并代表贵州省参加全国"广联达杯"建筑技能大赛荣获一项冠军,近三年学生在全省建筑类、经管类、机电类、艺术类技能大赛中获一等奖14项,二等奖30项,三等奖36项,充分彰显了学校办学质量和办学水平。毕业生以"朴实的职业品质、踏实的职业作风、务实的职业态度以及现实的职业理想与行为取向"赢得了良好的口碑,一次性就业率在95%以上。学校鲜明的办学特色、突出的办学成果、优质的办学水平,先后受到省委、省政府,贵阳市委、市政府和贵安新区党工委、管委会的表彰与好评。学院创办者周鸿静先生先后被评为贵州改革开放30年最具影响力人物,感动校园十大人物和尊师兴校先进个人。

(二)存在的主要问题

1. 体制机制改革有待进一步深化

有利于协同创新的人事分配制度为重点的内部治理结构体制改革尚在起步,引导二级学院转变为办学单位的力度需要进一步加大,万好集团的企业背景优势有待进一步发挥,校企合作、组团发展的动力机制和利益平衡机制尚需进一步探索和实践。

2. 专兼结合的双师队伍建设需进一步加强

专任教师年龄结构、职称结构和学历结构尚需进一步优化,年富力强的高技能、高职称教师,特别是有影响力的专业带头人的引进力度需进一步加大,企业技术骨干和能工巧匠担任专业实践课的比例要进一步提高。专业课教师双师素质和能力提升尚有不足,优秀青年教师、硕士骨干团队有待组建。

3. 教育教学改革与创新尚待进一步探索

以产教融合、校企合作作为基本特征的城院办学模式尚待进一步凝练,专业群的团凝特别是重点专业和精品资源课程的建设水平亟待提升,产教一体的教学组织模式尚需继续培育,实践教学的改革有待进一步深化。

4. 社会服务的能力和水平有待进一步提高

教师的应用科研能力和技术服务能力需要进一步提升,核心期刊、学术专著、专利申报、重大科研项目、高质量技术服务与产品研发等的数量和质量仍待

提高，社会服务中的重大项目不多，收益水平不高，离产学研一体化的要求还有较大差距，专业"对接产业搞科研、通过科研促教学"的氛围尚待进一步营造。

二、指导思想与建设目标

（一）指导思想

高举中国特色社会主义伟大旗帜，深入贯彻落实习近平总书记治国理政新理念新思想新战略，深入贯彻落实《国家中长期教育改革和发展规划纲要（2010—2020年）》《关于加快发展现代职业教育的决定》《现代职业教育体系建设规划（2014—2020年）》《高等职业教育创新行动计划（2015—2018年）》《贵州现代职业教育体系建设规划（2013—2020年）》等文件精神，坚持立足贵安、服务贵阳、面向贵州，以立德树人为根本，以服务发展为宗旨，以促进就业为导向，以提升质量为主线，以改革创新为动力，以依法治校为保障，以体制机制创新为引领，以提高人才培养质量为核心，以专兼结合的双师队伍建设为重点，进一步探索建立现代大学制度，形成政校行企深度融合，产学研协同创新发展模式；进一步加强以质量为关键的内涵建设，优化专业结构、凝练办学特色、打造品牌专业，构建具有较高人才培养水平的重点专业和专业群；进一步提升科学研究、社会服务和文化传承的创新能力，增强人才培养的核心竞争力，以升格办本科高职教育为战略目标，不断提升学校的办学水平和人才培养质量，为推进学习型社会建设和区域经济社会发展贡献力量。

（二）建设目标

以培养贵州新型城市化建设高素质技术技能型人才为目标，进一步完善董事会章程，建立健全现代应用型大学制度，探索建立有利于协同创新的内部管理体制和运行机制，营造有利于校企协同创新的校园文化环境，形成促进和优化民办高校特色发展的"城院模式"；政校行企联手合作，创新办学体制机制，依托万好集团等名优企业，通过深化校企共建以建筑工程技术、工程造价、计算机网络技术、网络营销、电子商务等专业为重点建设内容；建设专兼结合的"双师"结构师资队伍，打造高水平的教学科技创新团队。

——进一步优化专业结构与布局，继续推进专业动态调整机制，设置建筑工程管理、工程造价、计算机网络技术、网络营销、电子商务等5个专业，逐年减少专科专业，增加本科专业，到2024年设置普通全日制本科专业10个左右；

——以建筑、商务、医护重点专业群建设为根基，着力打造工程造价等骨干专业，精心培育工程造价等特色专业，逐步形成以建筑类专业为主体，信息技术与卫生健康与护理专业为"两翼"，理、工、卫护、管、艺术等多学科、多专业协调发展，富有贵州城市学院特色的民办本科应用技术型专业体系；

——引进高技能、高学历、高职称人才50名，培育优秀骨干教师30名，建设10个教学、创新团队，3个要达到省级建设标准；

——深化以人才培养模式创新为重点的专业综合改革，建立寓教于研的技术技能型人才协同培养模式，建设产教融合实践教学基地20个，建成15门优质网络课程；

——校企合作开发工学结合校本教材10—15部；

——广泛吸纳社会资源，建立政校行企协同开展科研项目及成果培育体系，专业对接产业开发社会服务项目15项。

"十三五"期间，努力把学校全面建设成为办学特色鲜明，综合实力雄厚，具有较大社会影响力的高质量、高水平的民办本科高职院校。

三、主要建设内容

（一）民办高职院校内部治理模式创新

1. 建设目标

完善董事会章程，健全董事会成员结构，完善教工代表大会制度，建立学生自主管理机构，实施监事会制度，建立健全现代大学制度，建立更加有效的宏观决策、民主管理和监督机制。完善责权利匹配的校院两级管理，促使二级学院从教学单位转向自主创新的办学单位。深化有利于协同创新的人事分配制度改革，实行人力资源精细化管理，形成民办高校留人、用人的良好氛围和竞争激励机制。创新办学体制机制，政校行企联手合作、构建产教对接的校企协同育人平台，营造校企协同发展的校园文化环境。探索形成促进和优化民办高校特色发展的"城院模式"。通过五年改革与探索，为全省民办高校治理体系和治理能力的推进提供可借鉴、可复制的成功范例。

2. 建设任务

【任务一】进一步明确办学定位与聚焦人才培养目标

学校升格为应用型本科高等院校的办学定位是"立足贵安、服务贵阳、面向贵州、辐射全国"。"立足贵安"，因为学校地处贵安新区花溪大学城，升格后将成为大学，也是贵安新区唯一一所民办本科应用型高等院校。学校必将依贵安新区产业布局与企业成长而生存，靠服务贵安产业升级与企业发展而发展。"服务贵阳"，就是要服务贵阳着力打造成"一带一路"重点战略通道城市、长江经济带重要节点城市的长远规划，为贵州纵深推进"科技引领""平台创优""公园城市""文化惠民""社会治理""凝心聚力"等"六大工程"，打造贵阳发展升级版提供强有力的人力资源保障。"面向贵州"，就是指学校的人才培养与社会服务面向贵州省全境，为贵州创建内陆开放型经济试验区，推进"大扶贫""大数据""大旅游""工业强省"，与全国同步小康培养高素质的劳动者和技术技能人才；"辐射全国"，即以更开阔的视野看学院的未来，为国内相关行业和企业培养、输送相关优秀应用型高级技术人才。

基于以上清晰而明确的办学定位，学校人才培养紧紧围绕区域经济社会发展需要和人的全面发展需要，培养具有朴实的职业品质、踏实的职业作风、务实的职业态度、现实的职业理想与行为取向的"重道德、懂礼仪、敢担当、强能力、高素质"的应用型、创新型、复合型人才。

【任务二】完善学校内部治理结构

以国家经济社会发展需求为导向，按照现代企业制度完善法人结构治理，遵循市场规律办学。董事会和学院领导执行层，分别规范履行筹募资金、决策、管理等职责。建立高效、科学、规范的学院董事会、校务委员会和监事会。采取专家教授治校，专业学术自由，培养学生应用能力和社会服务能力。

学校以汇聚校内外优质教育教学资源、科学高校内部治理、全方位立德树人为战略目标，以培育精益求精的"工匠精神"为制高点，以创新驱动为根本动力，构建"面向应用、能力为本、教授治校、学术自由"的学校内部治理新模式。成立教师发展中心、教学评估中心和高职教育质量研究中心，实现智慧校园向智能校园的根本性转变，健全学术委员会、专业建设委员会、教学指导委员会和自评自建专家评估小组。完善督办、监控、诊断与改进机制，全面优化学校内部治理结构，全面服务学校事业发展、教师专业发展和学生全面发展。

进一步完善学校决策机构、监督机构，修订学校章程，健全学校内部治理结构，建立更加有效的宏观决策、民主管理和监督机制；实行"小机关、大学院"的机构改革，健全校院二级管理制度，激发二级学院办学的内生动力。

【任务三】深化人事分配制度改革

调整工资结构，出台教科研综合奖励办法，归口合并教职员工各种评优评先项目，各种奖励分级设置，盘活存量，集聚增量，充分调动全校教职工积极性。落实专业带头人"三定一"聘工作，教师绩效考核下放二级学院。强化责权利匹配，提升二级单位执行力。深化人事分配制度改革，实行人力资源精细化管理，形成民办高校留人、用人的良好氛围和竞争激励机制，建设高水平教学团队。修订兼职教师管理办法，在企业兼职教师队伍建设方面加大改革力度，设立兼职教师任教专项基金和专项技术创新基金等，吸引企业专家、能工巧匠到校任教、开展科技研发。

（二）加强高水平教师队伍建设

1. 建设目标

进一步加强改进师资队伍建设。到2020年，拟投入专项经费500万元用于师资队伍建设。在董事会的领导下，着力建设好中层干部、管理和教师等三支队伍。通过改革人事分配制度，创新人才引进与培养机制，校企深度融合，引进与培养50名"三高"（高技能、高职称和高学历）人才，建立数量充足的兼职教师人才库。培养一批优秀中青年骨干教师和省市学术带头人，培养和引进一批在全国、全省本学科或专业领域具有较高知名度的专家学者、学科带头人，建设一批学科结构、职称结构、学历结构和年龄结构合理的师资队伍，提升学校的核心竞争力。通过五年努力，学校"双师"教师达到85%以上，在省级优秀教学团队、职教名师、专业带头人、骨干教师、"大师工作室""能工巧匠"型兼职教师均实现突破性进展。到2020年底，初步建成一支数量够用、专兼结合、师德高尚、富有活力、相对稳定的"双师结构"教师队伍。

2. 建设任务

【任务四】高层次人才培育

以提高我校重点专业、重点基地教科研水平为重点，加大高层次人才的培养力度，学院重点投入500万资金，制定高层次人才安家费、科研启动经费、补充养老金等特殊政策，重点培育高层次人才。至2020年，人才集聚效应形成，建设成3个"人才工作室"、4个省级团队。

【任务五】高层次人才引进

打造高层次人才的"三个平台"，引进15~20名副高以上或博士学位、在业内有较大影响力的高层次人才。其中5个为行业领军人物，15个为院校重点专业带头人。同时遴选出6个具备较强攻坚能力的团队予以重点培育和建设。以教研、科研立项的形式支持其围绕行业技术难题开展研究，提高我校的科研能力和社会服务水平，力争取得具有自主知识产权和行业影响力的成果，为承接国家科研项目、承担省级科研项目打下基础。

【任务六】优秀青年教师培养

中青年骨干教师比例增加、稳定率提升。资助中青年教师参加学历学位提升学习、技能考证培训、企业顶岗、国内外访学研修。到2020年，预计中青年骨干教师将通过进一步的培训、进修等方式提升自身综合能力。同时，通过组织骨干教师与教学工厂或者校企合作企业，以研发课题的方式进行研究型学习，从而提高教师的科研、创新和为社会服务的能力。

【任务七】教学名师培养及教学团队建设

每年评出3名校级"教学名师"，对获评为校级教学名师的人员进行重点培养，提高其学历，提升其职业实践能力。至2020年，争取1—2名教师获评为省级教学名师。遴选8个教学团队作为校级优秀教学团队进行培养，到2020年有4个校级教学团队经过培养成为省级优秀教学团队。以教学名师和优秀教学团队为辐射源，带动学校其他专业和课程的教学改革。

【任务八】"双师型"教师引进培养与兼职教师队伍建设

至2020年，引进高层次技能型兼职教师50名，增加聘请来自行业、企业的技术、管理人员或能工巧匠为我校兼职教师，选派中青年骨干教师参与技能考证培训，争取达到专业课教师中"双师型"教师80％的比例任务。

【任务九】师德师风建设

通过在全校范围内广泛开展丰富多彩的师德师风建设活动，引导广大教师自觉加强师德修养，努力践行社会主义核心价值观，形成"三比三热爱"（比敬业、比奉献、比育人，热爱学生、热爱学校、热爱教育）的优良教风。师德考核评价制度与建设活动方案将得到全部实施。

【任务十】教师队伍管理与制度建设

加强制度建设。学校人事处将增加"教师发展中心"功能，开展教师职业生涯指导工作，引导骨干教师快速提升自身素质。通过1个"教师发展中心工程"、4个"百人培训工程"、1个"产品研发能力培养工程"等促进中青年骨干教师的素质提升，到2020年，培养中青年骨干教师达到50人左右。

（三）纵深推进教学改革

1. 建设目标

进一步深化教育教学改革。到2020年，拟投入专项经费800万元用于教育教学改革，在课程、教材、数字化资源建设上形成校、政、企协同建设机制，实现教学过程与生产过程对接、课程内容与职业标准对接、学历证书与职业资格证书对接；以发展建筑技术、先进制造及现代服务类新兴产业专业为切入点，形成以重点专业为龙头的六大专业群；全面修订和完善课程标准与教学设计，以"应用、创新"为主旨和特征构建课程与教学内容体系；继续推进微课、慕课建设，完成优质微课建设，搭建微课网络平台，将制作的微课运用到教学中；结合重点专业（群）、骨干专业、特色专业建设，遴选15门校级优质课程，力争建设5门省级精品在线开放课程；努力实现国家级、省级教学成果奖零的突破；依托重点专业建成6个共享型专业教学资源库和15个仿真实训系统，基本建成多元化的教学综合服务平台；推进中高职衔接和专本衔接人才培养工作，建立与专业改革配套的教学管理制度和多元化的质量评价体系，全面提升专业服务产业发展能力和人才培养质量。

2. 建设任务

【任务十一】"六大"重点专业群建设

对接产业转型升级和区域经济发展的新特点、新要求，以建筑技术、先进制造及现代服务类新兴产业专业发展为引领，优化专业设置与结构，重点建设城市建设、卫生健康与护理、电子信息与自动化、机电技术、商务与管理、文化艺术等六大专业群。

【任务十二】深化专业教学改革

发挥现有6个院级重点建设专业的辐射与带动作用，校企合作构建协同育人平台，开展现代学徒制试点，进一步扩大"订单式"人才培养规模，我校目前开设的43个专业基本形成以"工学结合、知行合一"为主要特征、具有自身特色的人才培养模式；按照专业定位对接产业需求、培养规格对接任职要求、课程内容对接工作任务、教学过程对接工作过程、学历证书对接职业资格证书的改革思路，构建基于工作过程的"平台＋模块＋方向"的专业课程体系；以能力培养为主线，把行业企业标准和企业新技术、新工艺及职业资格、技师职业资格标准融入教学内容，校企合作开发工学结合的校本教材；积极推进工学交替、项目导向、任务驱动、顶岗实习等有利于增强学生职业能力的教学模式改革，提高教育教学质量。

【任务十三】优质与在线精品课程建设

在现有校级立项建设的精品资源共享课基础上，加大在线精品开放课程建设投入力度，建设期内获得精品资源共享课省级在线精品课建设项目3个，建成校级（培育）在线精品课程20门。同时发挥其辐射和带动作用，推动我校课程建设上水平。

【任务十四】专业教学标准研制

以我校现有专业教学标准为基础，总结专业教学标准在实际执行中的基本经验和存在的主要问题，开展市场调研、行业企业人才需求分析和毕业生就业质量分析，形成各专业"市场人才需求与专业分析调研报告"，校企合作完成20个重点建设专业的教学标准研制并应用于教学实践，以带动其他专业开展相关研制工作，形成较为规范的专业教学文件。

【任务十五】高职教育教学改革项目建设

坚持"问题导向"，立足解决学校在内涵建设过程中存在的主要问题，开展教育教学改革项目的研究和实践，培育教学成果。立项建设校级重点教育教学改革项目15个，培育校级教学成果8项，为获得省级以上教学成果奖打下良好基础。

【任务十六】内部质量保障体系建设

以要规划为基础做好学校"质量规划"的顶层设计，以"诊改"为手段，推动学校在专业、课程、教师、学生不同层面建立起完整且相对独立的质量目标及标准、管理制度与工作规范；强化学校"诊改"决策指挥、质量生成、资源建设、支持服务和监督控制等各层级管理系统间的质量依存关系，形成全要素、网络化、常态性的内部质量保证体系。"十三五"期间学校要完成1次自主诊断与改进工作。建立和完善学校、行业、企业等共同参与的人才质量评价机制，将就业率、就业质量、企业满意度、创业成效等作为衡量人才培养质量的重要指标，全面构建学院质量监控评价体系。建立教育教学质量全覆盖监测与及时诊断评估机制，为提升学院人才培养质量提供全方位、立体式、常态化的保障。

（四）产教对接的生产性实训基地建设

1.建设目标

继续加强校内外实验实习实训基地建设，构建开放型、互动式、多功能的实训体系。2020年，拟投入专项经费1000万元用于校内实验实习实训基地建设。规划10万平方米建设规模，以学生核心岗位能力和精益求精的"工匠精神"为目标，着力解决各专业生产性实习实训难题。通过五年努力，争取建成前沿性、实用性、体验性、共享性和智慧型的现代化开放型的实习实训基地，重点建设城市建设、卫生健康与护理、电子信息与自动化、机电技术、商务与管理、文化艺术等6个专业群的实训体系。按照建用结合的原则，建立一整套实践教学过程管理制度。通过项目建设，规范实践教学、生产性实训室的建设与管理，提高学生的实践能力和就业率，促进学生全面发展，实现生产性实训基地与实训室合一；实现生产和经营合一，获得经营收入；实现生产任务与教学内容合一，提高教师教学水平。到2020年底，实现实训项目开出率100%、实训室利用率达85%，其中生产性实训达到80%以上。

2. 建设任务

【任务十七】重点实训基地建设

依托重点专业共建委员会，联合合作企业，组织开展深入的市场调研，依据专业人才培养方案，制定专业实践教学体系，建立实训基地实训项目库。各实训基地利用自身的优势，与政府、行业、企业或者社会联合，全面开发基地的生产功能，按照产品生产的工作流程布局"生产性"的基本软件、硬件设施。通过专业共建委员会，校企双方以场地、设备、技术、原料等作为投资，在互惠互利、合作双赢的基础上，通过友好协商，明确各自的责、权、利，选择校企合作共建模式，建设建筑工程技术等10个专业的校级重点实训基地，建成一批资源共享，集教学、培训、职业技能鉴定和技术服务为一体的职业教育实训基地，进而全面推动专业群实训基地建设，为培养、培训高质量技能型紧缺人才提供条件保障。

【任务十八】大学生校外实践教学基地建设

联合万好教育集团等企业，校企双方共同制定校外实践教育培养方案，共同开发、组织实施校外实践教育课程，共同评价校外实践教育培养质量，建立开放共享机制，面向其他学校开放，主动发布实践基地有关信息，接纳其他学校学生进入基地学习，建立可持续发展的管理模式和运行机制，坚持产学研相结合的原则，将基地建设成为"生产、教学、科研"相结合的重要场所，从而建立并完善校外实践教学基地建设。

【任务十九】生产性实训基地建设

引企入校、引项目入校，建立校内外专兼职师资团队和学生精英团队，开展生产性实训、社会服务、职业技能鉴定，把企业的生产设备、生产环境和生产任务搬到校内实训室，做到课堂和实训地点一体化，在教师的指导下学生完成相应的实训任务，并生产出一定的产品，实训过程与实际工作操作过程完全一致，建设建筑工程造价工作室、建筑设计技术中心等实践教学基地和生产性实训基地，将生产性实训项目纳入到相关专业的人才培养方案和实践教学体系中，在相关专业中全面开展生产性实训，从而实现实训项目开出率100％、实训室利用率达85％，其中生产性实训达到80％。

（五）科研能力与社会服务平台建设

1. 建设目标

建立健全科技创新管理机制，营造良好的科研工作氛围，使全校师生积极参与学校科技创新工作，引导、激励、支持教师带项目、带技术、带学生深入合作企业从事科技研发与产品开发，校企合作开发各类专利10项；争取国家级科研课题、省部级课题实现突破，推出一批学术水平高、经济效益和社会效益显著的科研成果；专业对接产业开展技术研发、技术转让、技术咨询、技术服务。实现人才培养质量和社会服务能力同步提升。

2. 建设任务

【任务二十】科技创新能力建设

以提高学生综合职业能力和职业素养为宗旨，加强学生创新平台建设和创新教育，提升大学生科技创新能力。引导、支持教师带学生团队从事小制作、小发明、小革新，为企业现场解决疑难问题。继续加强应用技术科学研究、技术研发与产品推广。到2020年，拟投入专项经费300万元用于提升现有的研究机构和培训基地的科研能力与水平。争取国家级科研课题（项目）2项、省部级课题（项目）5项，推出一批学术水平高、经济效益和社会效益显著的科研成果。加大对高质量学术成果、省部级以上获奖成果、高水平的咨询报告与专利的奖励力度，对国家级、省部级、地厅级科研课题（项目）分别给予1：1、1：0.8、1：0.5的经费配套。

【任务二十一】校企协同科技创新平台建设

依托职教集团，校企协同，健全校企协同的技术技能积累机制，提高应用技术的应用研发能力，到2024年，培育3—5个行业领军人才，3~5个协同创新中心，年均到账科研经费不低于100万元；校企合作组建科研团队，充分利用教师深厚的理论知识和企业员工丰富的实践经验，优势互补，共同承担科研项目、开展技术攻关。

【任务二十二】社会服务能力建设

不断提升为地方政府、行业企业咨询服务水平，拓展社会服务深度和广度。到 2020 年，实现社会培训 4000 人次，形成学历教育、继续教育、技术培训与技能鉴定并举的全程职业教育与培训体系；毕业生"双证书率"达 90% 以上。通过与行业、企业共建科技创新平台与协同创新机制，引导教师积极开展技术科研、技术服务和决策咨询，推进科研成果转化。同时满足社会民众需求，让更多的青年学子接受本科教育。

（六）教育信息化与智慧校园建设

1. 建设目标

以现有的数字化校园为基础，打造智慧化工作、学习和生活一体化校园环境，以各种应用服务系统为载体，将教学、科研、管理和校园生活进行充分融合。智慧校园建设以服务学校、服务教学、服务社会为方向，以深化应用、优化服务为核心，以业务协同、资源整合、数据信息共享为主线，以打造统一、高效、智能的管理与信息服务平台为重点，在前期数字校园的基础上，全面提升我校信息化应用与服务水平，实现无所不在的网络学习、融合创新的网络科研、透明高效的校务治理、方便周到的校园生活。

2. 建设任务

【任务二十三】大学精神的培育与弘扬

通过在全校师生中开展关于"城院精神"的大讨论和征文活动，深入挖掘、总结和凝练我校办学多年来形成的大学精神——"城院精神"，增强师生的认同感、归属感和荣誉感，使之成为全体师生共同的价值取向和精神动力、促进学校建设和发展的强大内驱力和核心竞争力；构筑特色鲜明的二级学院文化和专业文化体系，做到一院一品牌，营造寓教于文、寓教于乐的浓厚文化氛围。

【任务二十四】跨界文化建设

吸纳城市建设优秀企业文化，把企业文化的核心元素和高职院校文化的核心元素进行有效融合，分别在建工机电楼、信工财经楼和人文艺术楼，利用走廊、墙面建设专业特色鲜明的企业文化廊墙，培育校企文化共融的校园文化效应场，形成跨界的文化生态共同体。让广大学生零距离地接触企业文化，了解企业、行业动态，形成"行（企）业植根，校园养成，社会结果"开放式的特色校园文化生态系统，加强学生就业意识的培养和劳动态度的养成。

【任务二十五】校园文化景观建设

采用"校企合作"模式（企业出资、校友捐赠的运作方式），精心打造校园文化新载体"百米城院历史文化艺术长廊"，荟萃经典建筑浮雕和建筑名人雕塑，直观、形象而宏大地展现古今中外各种风格的建筑文明成果和建筑名人风采，使之成为全校师生认同并为之自豪的标志性校园文化景观及新生入学教育和专业教育的第二课堂。在校园内绿化区设置一些教育名言石刻或碑刻，重新规划和设置楼栋、道路标牌标识，建设一批有人文意蕴、品味高雅和教育意义的景观景点，使之成为彰显学校特色和品位的重要文化符号和校园地标。

【任务二十六】制度文化建设

全面推进依法治校。对学校《章程》及现有规章制度进行修订完善，并根据学校发展的需要不断出台新的规章制度。构建科学规范、激励自律的制度文化。从制度上保证学校重大原则、重大决策的民主化，形成以人为本、科学高效、规范有序的现代大学治理制度和运行机制。

【任务二十七】校友文化园建设

建立毕业生信息收集和质量追踪制度，做好校友会拓展、校友录编印工作。种植校友林，建设"知名校友创业文化长廊"，展示校友风采；定期邀请优秀毕业生回母校做报告和座谈；设立贵州城市职业学院校友"基金会"。强化学生对学校的认同感、归属感、骄傲感，同时提升学生对未来职业的认知和向往。

四、保障措施

（一）组织保障

学校成立"十三五"规划重点建设项目领导小组，由董事会周鸿静博士任组长，蒙永福院长任常务副组长，董华群副院长任副组长，其他校领导和各二级学院院长、各相关职能部门负责人任成员，负责学校"十三五"规划重点建设项目的顶层设计、统筹协调、经费投入等重大事项的决策。各分管校领导对"十三五"规划重点建设项目相关任务进行统筹规划和组织实施。领导小组下设"十三五"规划重点建设项目推进办公室，成立学院办学专家指导委员会、学院安全管理工作委员会和学院升本工作保障委员会，负责协调与督促全校各行政部门，做好制度保障和管理服务工作。

（二）队伍保障

"十三五"规划重点建设项目实行"项目负责制"，由实施项目建设的相关单位负责人任组长，层层落实建设任务。学校与各项目负责人签订目标任务书，通过出台相关制度，调动和激励全校教职工参与"十三五"规划重点建设项目的积极性、主动性和创造性，充分保障"十三五"规划各重点建设项目的全面实施，促进建设任务顺利达标。

（三）机制保障

学校按照创新强校的要求，建立考核评价机制，对"十三五"规划重点建设项目的组织实施实行全过程管理。对规划项目从实施、落实到完成以及绩效考核，进行全程督办与评价，以确保各建设项目保质保量按时完成。

1. 计划管理

"十三五"规划重点建设项目的各个任务采取分类管理方式，学校按照项目建设方案，对六大项目、二十六个任务的进度、成效和团队进行全面督办和考评；各项目组负责对所属建设任务的进度、成效和团队攻关的情况进行检查、指导、督办与考评。对不符合建设要求的项目，应分别及时提出整改要求，必要时以整改通知书的形式进行督办。

2. 中期检查

学校将"十三五"规划重点建设项目推进与落实列为行政例会重要议题，做到逢会必讲评、以讲评促建设，并不拘形式地进行"一月一检查"，及时发现问题并采取有效措施进行整改提升。

3. 总结考评

组织相关职能部门对"十三五"规划各重点建设项目的建设成效实行"一学期一总"。主要是检查项目进展、阶段性成果和经费使用、人员到位等情况，总结各项目成效，查找问题、反馈意见。将各项目的完成情况纳入学年考核，项目负责人须提交项目包括主要建设内容的进展报告，考核合格者方可参加学校评奖评优；考核不合格者，将限期整改；考核优秀者，给予奖励。

4. 项目验收。项目完成后，项目组应提交项目结题报告书和相应成果，由"十三五"规划重点建设项目领导小组办公室负责组织专家进行验收。对评估优秀的项目给予奖励；对评估不合格的项目，限期整改。

（四）经费保障

学校设立"十三五"规划重点建设项目专项经费，列入年度预算，严格按上级管理制度合理安排年度经费预算，保障建设投入的同时，并出台相关配套政策措施，加强预算支出管理，加大对预算执行情况的督察力度，以确保学校"十三五"规划重点建设项目各项任务得以顺利完成。

（五）经费来源

学院建设发展主要依靠法人投资主体贵州万好教育投资集团筹资和融资1亿元进行校园建设和教学设施的投入，同时与战略合作伙伴贵州花溪农村商业银行、贵安新区发展村镇银行共同融资3亿元投入学院发展建设。在基本建设得到保障的情况下，学院还依靠自身高效益的办学结余用于学院日常办学经费的保障支付，从而有力地保证了学院健康、稳定和和谐的发展。

2016年3月

附件12

贵州城市职业学院荣誉及奖项

1. 获省部级以上部分奖项

贵州城市职业学院获部分获项

序号	获奖名称	表彰单位	奖项	年份
1	贵州省职业技能大赛—建筑工程测量技能团体二等奖、三等奖	贵州省教育厅	2	2009
2	中国教育学会《学校文化建设与策划》子课题二等奖	中国教育学会教育管理分会	1	2010
3	贵州省职业技能大赛—建筑工程测量技能团体三等奖	贵州省教育厅	2	2010
4	中国民办高等教育优秀院校	中国民办协会、高等教育委员会	1	2011
5	（院党委获）创先争优先进基层党组织	省委教育工委	1	2012
6	贵州省职业技能大赛—建筑手绘技能团体二等奖	贵州省教育厅	1	2013
7	贵州省职业技能大赛—建筑装饰技能团体二等奖	贵州省教育厅	1	2013
8	贵州省职业技能大赛—项目管理沙盘技能团体二等奖	贵州省教育厅	1	2013
9	贵州省职业技能大赛—建筑工程算量项目技能团体一等奖、三等奖	贵州省教育厅	2	2013

续表

序号	获奖名称	表彰单位	奖项	年份
10	贵州省职业技能大赛—二等水准技能团体二等奖、三等奖	贵州省教育厅	2	2013
11	贵州省职业技能大赛——级光电技能团体三等奖	贵州省教育厅	1	2013
12	贵州省职业技能大赛—数字测图技能团体三等奖	贵州省教育厅	1	2013
13	贵州省职业技能大赛—建筑砌筑技能团体三等奖	贵州省教育厅	1	2013
14	第五届"广联达杯"施工管理沙盘及软件应用大赛—施工布置团体单项冠军、二等奖	中国建设教育协会；广联达公司	2	2014
15	第七届"广联达杯"工程算量大赛团体二等奖	中国建设教育协会；广联达公司	1	2014
16	奥体中心杯第二届中国野战运动冠军赛总决赛优秀组织奖	国家体育总局	1	2015
17	第二届中国野战运动冠军总决赛（学生组）团体总分第四名	国家体育总局	1	2015
18	第二届中国野战运动冠军总决赛 体育风尚奖	国家体育总局	1	2015
19	第二届中国野战运动冠军赛（贵州赛区）优秀组织奖	省体育局	1	2015
20	第二届中国野战运动冠军赛（贵州赛区）道德风尚奖	省体育局	1	2015
21				
22	第二届中国野战运动冠军总决赛（学生组）五人对赛第二名	国家体育总局	6	2015
23	第二届中国野战运动冠军总决赛（学生组）双人挑战赛第四名	国家体育总局	2	2015
24	第二届中国野战运动单人定点赛 学生组第一名，社会组第二名	国家体育总局	1	2015
25	第二届中国野战运动单人定点赛 学生组第二名，社会组第三名	国家体育总局	1	2015
26	第二届中国野战运动学生组第六名，社会组第十二名	国家体育总局	1	2015
27	第二届中国野战运动双人挑战赛学生组第一名，社会组第三名	国家体育总局	2	2015
28	第二届中国野战运动学生组第三名，社会组第六名	国家体育总局	2	2015
29	第二届中国野战运动学生组第五名	国家体育总局	2	2015

续表

序号	获奖名称	表彰单位	奖项	年份
30	第十届"多彩校园·闪亮青春"全省大学生校园文化活动知识竞赛三等奖	省委教育工委	5	2015
31	第十届"多彩校园·闪亮青春"全省大学生校园摄影大赛二等奖	省委教育工委	1	2015
32	第十届"多彩校园·闪亮青春"全省大学生校园文化活动摄影大赛三等奖	省委教育工委	1	2015
33	第十届"多彩校园·闪亮青春"全省大学生校园文化活动摄影大赛优秀奖	省委教育工委	1	2015
34	第十届"多彩校园·闪亮青春"全省大学生校园文化活动艺术设计大赛二等奖	省委教育工委	1	2015
35	第十届"多彩校园·闪亮青春"全省大学生校园文化活动艺术设计大赛三等奖	省委教育工委	1	2015
36	第十届"多彩校园·闪亮青春"全省大学生校园文化活动微视频大赛三等奖	省委教育工委	1	2015
37	第十届"多彩校园·闪亮青春"全省大学生校园文化活动"校园好声音"唱歌大赛三等奖	省委教育工委	1	2015
38	贵州省全民科学道德知识竞赛二等奖	省科协	1	2015
39	贵阳市首届急救技能大赛优秀奖	贵阳市红十字会	1	2015
40	贵州商报高校校园活动"校咖秀"二等奖	省委教育工委	1	2015
41	贵安新区管委会（党工委）城市围棋联赛优秀奖	贵安新区管委会	1	2015
42	全国大学生电子设计竞赛贵州赛区高职组二等奖	省委教育工委	1	2015
43	全国大学生电子设计竞赛贵州赛区高职组三等奖	省委教育工委	1	2015
44	全国第八届BIM算量大赛土建算量单项一等奖	省委教育工委	1	2015
45	全国第九届残疾人运动会暨第六届特殊奥林匹克运动会男子T37级跳远项目全国第二名	国家体育总局	1	2015
46	全国第九届残疾人运动会暨第六届特殊奥林匹克运动会男子田径T37级100米第三名	国家体育总局	1	2015
47	全国第九届残疾人运动会暨第六届特殊奥林匹克运动会男子田径T37级200米第四名	国家体育总局	1	2015
48	2015年贵州省职业院校技能大赛中获得工程项目管理技能一等奖	贵州省教育厅	3	2015

续表

序号	获奖名称	表彰单位	奖项	年份
49	2015 年贵州省职业院校技能大赛中获得测绘技能二等奖	贵州省教育厅	8	2015
50	2015 年贵州省职业院校技能大赛三等奖	贵州省教育厅	4	2015
51	贵州省建筑技能大赛优秀组织奖	贵州省教育厅	1	2015
52	贵州省职业技能大赛－医药卫生类贵州省职业院校护理技能大赛优秀组织奖	贵州省教育厅	1	2015
53	（党委获）全省高校"五好"基层党组织	省委教育工委	1	2015
54	全省高校"五好"基层党组织	省委教育工委	1	2015
55	"2016 年贵州省科技活动周"荣誉证书	省委教育工委	1	2016
56	庆祝建党 95 周年、红军长征胜利 85 周年知识竞赛团体二等奖	省委教育工委	1	2016
57	贵州贵安新区花溪大学城第二届"安康杯"安全知识竞赛优秀组织奖	贵安新区管委会	1	2016
58	贵安新区禁毒知识竞赛优秀组织奖	贵安新区管委会	1	2016
59	2016 年全省消防宣传进军训暨首届高校消防技能大比拼最佳团队奖	贵安新区管委会	1	2016
60	2016 年贵州省首届 ITF 跆拳道精英擂台邀请赛男子 56KG 级亚军	省委教育工委	1	2016
61	2016 年贵州省首届 ITF 跆拳道精英擂台邀请赛男子 56KG 级 优秀运动员	省委教育工委	1	2016
62	全国民办高校学生工作创新成果评选《大学生思政工作实践平台建设》三等奖	中国民办协会高等教育委员会	1	2016
63	贵州省全民科学素质知识竞赛二等奖	省科协	1	2016
64	2016 年贵州省职业院校技能大赛上技能工程造价（广联达）一等奖	贵州省教育厅	8	2016
65	2016 年贵州省职业院校技能大赛上测绘一级导线技能二等奖	贵州省教育厅	15	2016
66	2016 年贵州省职业院校技能大赛中测绘－数字测图技能三等奖	贵州省教育厅	8	2016
67	2016 年贵州省职业院校技能大赛优秀奖	贵州省教育厅	5	2016
68	贵州省建筑技能大赛优秀组织奖	贵州省教育厅	1	2016

序号	获奖名称	表彰单位	奖项	年份
69	土木水利类贵州省职业技能大赛获优秀奖	贵州省教育厅	1	2017
70	贵州城市职业学院获贵州省职业院校技能大赛－财经商贸类市场营销技能优秀组织奖	贵州省教育厅	1	2016
71	贵州省职业院校技能大赛—财经商贸类优秀组织奖	贵州省教育厅	1	
72	贵州省职业技能大赛—医药卫生类贵州省职业院校护理技能大赛优秀组织奖	贵州省教育厅	1	2016
73	（商务学院获）全省高校"五好"基层党组织	省委教育工委	1	2017
74	2017第六届全国全民健身操大赛（贵州赛区）第三套大众锻炼标准成人组3级高职院校组织奖	国家体育总局体操运动管理中心、中国健美操协会	1	2017
75	贵州省职业技能大赛—财经商贸类银行综合技能优秀组织奖	贵州省教育厅	1	2017
76	贵州省职业技能大赛—医药卫生类优秀组织奖	贵州省教育厅	1	2017
77	贵州省职业技能大赛—文化艺术类优秀组织奖	贵州省教育厅	1	2017
78	2016年度高校无偿献血志愿服务工作三等奖	省血液中心	1	2017
79	全省大学生"中华民族一家亲，同心共筑中国梦"暨"五个认同"主题演讲比赛个人优秀奖	省委教育工委	1	2017
80	第三届"安康杯"高校安全生产知识竞赛组织优秀奖	贵安新区管委会	1	2017
81	贵州省大学生优秀防艾志愿者 一等奖	省红十字会	1	2017
82	贵州省大学生优秀防艾志愿者 二等奖	省红十字会	1	2017
83	贵州省大学生优秀防艾志愿者 三等奖	省红十字会	5	2017
84	贵安新区花溪大学城2017年廉政文化建设进校园廉政书画、摄影、漫画作品巡演活动 组织奖	贵安新区管委会	1	2017
85	贵安新区花溪大学城2017年廉政文化建设进校园廉政书画、摄影、漫画作品巡演活动优秀作品奖	贵安新区管委会	1	2017
86	花溪大学城第四届文体活动月系列之"大学城杯"游泳赛教工男子组 50m 蛙泳第一名	贵安新区管委会	1	2017
87	花溪大学城第四届文体活动月系列之"大学城杯"游泳赛教工男子组 100m 蛙泳第一名	贵安新区管委会	1	2017

续表

序号	获奖名称	表彰单位	奖项	年份
88	花溪大学城第四届文体活动月系列之"大学城杯"游泳赛学生男子组 100m 自由泳第三名	贵安新区管委会	1	2017
89	花溪大学城第四届文体活动月系列之"大学城杯"游泳赛学生女子组 100m 蛙泳第四名	贵安新区管委会	1	2017
90	花溪大学城第四届文体活动月系列之"大学城杯"游泳赛教工女子组 50m 自由泳第五名	贵安新区管委会	1	2017
91	花溪大学城第四届文体活动月系列之"大学城杯"游泳赛学生女子组 100m 蛙泳第五名	贵安新区管委会	1	2017
92	花溪大学城第四届文体活动月系列之"大学城杯"游泳赛学生男子组 50m 自由泳第五名	贵安新区管委会	1	2017
93	花溪大学城第四届文体活动月系列之"大学城杯"游泳赛教工男子组 100m 自由泳第五名	贵安新区管委会	1	2017
94	大学城高校跆拳道实战比赛优秀奖	贵安新区管委会	1	2017
95	贵安新区大学生禁毒知识竞赛荣誉奖	贵安新区管委会	3	2017
96	贵州省第六届书法交流会收藏证	省委教育工委	5	2017
97	第二届大学生消防逃生技能大比武 优秀组织奖	贵安新区管委会	4	2017
98	王颖同学获 2017 年贵安新区消防大使称号	贵安新区管委会	1	2017
99	"多彩校园·闪亮青春"校园文化活动月，萤光公益获优秀社团称号	省委教育工委	1	2017
100	贵州省职业技能大赛—电子商务技能团体三等奖	国赛	1	2018
101	贵州省职业技能大赛—企业沙盘模拟经营团体一等奖	贵州省教育厅	1	2018
102	贵州省职业技能大赛—电子商务技能团体二等奖	贵州省教育厅	1	2018
103	贵州省职业技能大赛—财务决策团体二等奖	贵州省教育厅	1	2018
104	贵州省职业技能大赛—市场营销技能团体三等奖	贵州省教育厅	1	2018
105	贵州省职业技能大赛—会计技能团体三等奖	贵州省教育厅	1	2018
106	贵州省职业技能大赛—银行业务技能团体三等奖	贵州省教育厅	1	2018
107	贵州省职业技能大赛—互联网国际贸易团体三等奖	贵州省教育厅	1	2018

获省部级以上表彰的部分先进集体和优秀个人奖

续表

序号	先进个人	获表彰荣誉称号	表彰单位	年份
1	周鸿静	改革开放最具影响力人物和影响中国改革开放优秀人物	贵州省发改委	2008
2	李智	贵州省职业技能大赛—电子信息类物联网应用技术三等奖优秀指导教师奖	贵州省教育厅	2013
3	何炜	贵州省职业技能大赛—电子信息类信息安全技术应用三等奖优秀指导教师奖	贵州省教育厅	2013
4	周鸿静	中国民办高等教育先进个人	中国民办教育协会、高等教育委员会	2014
5	周鸿静	"尊师兴校"先进个人	省教育厅、省人力资源和社会保障厅	2014
6	张敏	贵州省国家助袋诚信教育活动先进个人	省教育厅、国家开发银行	2014
7	周鸿静	"中华知名教育管理专家"	中国管理科学研究院、经济论坛专家委员会	2015
8	孔玉林	贵阳市"优秀共青团干部"	团市委	2015
9	佘尧庆	2015 年优秀社区消防宣传大使	贵州省消防安全委员会	2015
10	周乐池	2014 年度全省教育系统安全稳定综合治理工作先进个人	贵州省教育厅、贵州省综治委校园及周边治安专项组	2015
11	赵海燕	贵州省职业院校信息化教学大赛高职组信息化课堂教学项目三等奖	贵州省教育厅	2015
12	陈建娜	贵州省职业院校信息化教学大赛中职组信息化课堂教学项目三等奖	贵州省教育厅	2015
13	李琪玲	贵州省建筑技能大赛工程造价技能项目（广联达）一等优秀指导教师奖	贵州省教育厅	2015
14	沈春华	贵州省建筑技能大赛工程项目管理一等奖指导教师奖	贵州省教育厅	2015
15	李永江	贵州省建筑技能大赛教师组 CAD 二等奖	贵州省教育厅	2015

续表

16	李　进	贵州省建筑技能大赛测绘二等奖优秀指导教师奖	贵州省教育厅	2015
17	罗以雄	贵州省建筑技能大赛工程造价技能项目（斯维尔）三等奖优秀指导教师奖	贵州省教育厅	2015
18	赵慧	贵州省职业技能大赛—文化教育类高职组文化教育英语口语比赛（非专业组）二等奖优秀指导教师奖	贵州省教育厅	2015
19	郑忆	贵州省职业技能大赛—电子信息类电子商务技能比赛（团体项目）二等奖优秀指导教师奖	贵州省教育厅	2015
20	陈锦	贵州省职业技能大赛—电子信息类移动互联网应用软件开发比赛（团体项目）三等奖优秀指导教师奖	贵州省教育厅	2015
21	仇学均	贵州省职业技能大赛—交通运输类汽车电气系统检修比赛（团体项目）二等奖优秀指导教师奖	贵州省教育厅	2015
22	张双彦 张吉圭 仇宏程	全国大学生电子设计竞赛贵州赛区高职组二等奖优秀指导教师奖	贵州省教育厅、全国大学生电子竞赛贵州赛区	2015
23	张双彦 张吉圭 仇宏程	全国大学生电子设计竞赛贵州赛区高职组三等奖优秀指导教师奖	贵州省教育厅、全国大学生电子竞赛贵州赛区组委会	2015
24	张双彦 张吉圭 仇宏程	全国大学生电子设计竞赛贵州赛区高职组成功参赛奖优秀指导教师奖	贵州省教育厅、全国大学生电子竞赛贵州赛区组委会	2015
25	郑忆	贵州省职业院校技能大赛—财经商贸类电子商务技能二等奖优秀指导教师奖	贵州省教育厅	2015
26	刘晓	贵州省职业技能大赛—医药卫生类贵州省职业院校护理技能大赛二等奖优秀指导教师奖	贵州省教育厅	2015
27	李丽竹	贵州省职业技能大赛—医药卫生类贵州省职业院校护理技能大赛三等奖优秀指导教师奖	贵州省教育厅	2015
28	谢红月	贵州省职业技能大赛—医药卫生类贵州省职业院校护理技能大赛参赛奖	贵州省教育厅	2015
29	刘晓	贵州省职业技能大赛—医药卫生类贵州省职业院校护理技能大赛三等奖	贵州省教育厅	2015

30	李丽竹	贵州省职业技能大赛—医药卫生类贵州省职业院校护理技能大赛三等奖	贵州省教育厅	2015
31	尹艳霞	贵州省职业技能大赛—医药卫生类贵州省职业院校护理技能大赛参赛奖	贵州省教育厅	2015
32	王时芬	省属高校系统优秀党务工作者	贵州省委教育工委	2016
33	付盛忠 文煜	贵州省建筑技能大赛工程造价（广联达）一等奖优秀指导教师奖	贵州省教育厅	2016
34	李永江	贵州省建筑技能大赛教师组CAD一等奖	贵州省教育厅	2016
35	余波	贵州省建筑技能大赛教师组CAD二等奖	贵州省教育厅	2016
36	张进中 王海涛	贵州省建筑技能大赛测绘——级导线三等奖优秀指导教师奖	贵州省教育厅	2016
37	张进中 王海涛	贵州省建筑技能大赛测绘—二等水准二等奖优秀指导教师奖	贵州省教育厅	2016
38	张进中 王海涛	贵州省建筑技能大赛测绘—数字测图二等奖优秀指导教师奖	贵州省教育厅	2016
39	刘杰武 刘婷	贵州省建筑技能大赛工程造价（斯维尔）三等奖优秀指导教师奖	贵州省教育厅	2016
40	赵慧	贵州省职业技能大赛—文化教育类文秘速录三等奖优秀指导教师奖	贵州省教育厅	2016
41	方启斌	贵州省职业技能大赛—电子信息类物联网技术应用三等奖优秀指导教师奖	贵州省教育厅	2016
42	张恒	贵州省职业技能大赛—电子信息类动漫制作三等奖优秀指导教师奖	贵州省教育厅	2016
43	陈洪江	贵州省职业技能大赛—交通运输类汽车电气系统检测三等奖优秀指导教师奖	贵州省教育厅	2016
44	陈洪江	贵州省职业技能大赛—交通运输类汽车发动机故障诊断三等奖优秀指导教师奖	贵州省教育厅	2016
45	陈洪江	贵州省职业技能大赛—交通运输类汽车检测与维修综合技能三等奖优秀指导教师奖	贵州省教育厅	2016
46	肖洁	贵州省职业院校技能大赛—财经商贸类会计技能三等奖优秀指导教师奖	贵州省教育厅	2016

47	郑忆	贵州省职业院校技能大赛—财经商贸类市场营销技能一等奖优秀指导教师奖	贵州省教育厅	2016
48	郑忆樊恩泽	贵州省职业院校技能大赛—财经商贸类电子商务技能一等奖优秀指导教师奖	贵州省教育厅	2016
49	肖洁、方金芳	贵州省职业院校技能大赛—财经商贸类会计技能二等奖	贵州省教育厅	2016
50	冯静、姚冠男	贵州省职业院校技能大赛—财经商贸类企业沙盘模拟经营二等奖优秀指导教师奖	贵州省教育厅	2016
51	赵慧	贵州省职业院校技能大赛—教育文化类文秘速录三等奖优秀指导教师奖	贵州省教育厅	2016
52	王振涛	贵州省职业院校技能大赛—旅游类中文导游三等奖优秀指导教师奖	贵州省教育厅	2016
53	李丽竹	贵州省职业技能大赛—医药卫生类贵州省职业院校护理技能大赛一等奖	贵州省教育厅	2016
54	刘晓	贵州省职业技能大赛—医药卫生类贵州省职业院校护理技能大赛二等奖	贵州省教育厅	2016
55	付盛忠	省级"职教名师"	贵州省教育厅	2017
56	付盛忠	2016年度全省学校安全教育管理综治工作先进个人	贵州省教育厅、贵州省综治委校园及周边治安专项组	2017
57	汪倩	贵州省辅导员职业能力大赛三等奖	贵州省教育厅	2017
58	刘全举	贵州省职业技能大赛—土木水利类建筑工程识图二等奖优秀指导教师奖	贵州省教育厅	2017
59	刘全举	贵州省职业技能大赛—土木水利类建筑工程识图三等奖优秀指导教师奖	贵州省教育厅	2017
60	王海涛、彭启维	贵州省职业技能大赛—土木水利类测绘类二等奖优秀指导教师奖	贵州省教育厅	2017
61	钟力杨勇	贵州省职业技能大赛—土木水利类水环境检测与治理技术二等奖优秀指导教师奖	贵州省教育厅	2017
62	陈洪江仇学均	贵州省职业技能大赛—交通运输类汽车电器设备检测二等奖优秀指导教师奖	贵州省教育厅	2017
63	陈洪江仇学均	贵州省职业技能大赛—交通运输类汽车电控发动机检测三等奖优秀指导教师奖	贵州省教育厅	2017

64	何云磊 杨祖念	贵州省职业技能大赛—交通运输类汽车营销三等奖优秀指导教师奖	贵州省教育厅	2017
65	何云磊、杨祖念	贵州省职业技能大赛—交通运输类汽车营销三等奖优秀指导教师奖	贵州省教育厅	2017
66	张吉圭 徐芳芳	贵州省职业技能大赛—信息技术类嵌入式技术与应用三等奖优秀指导教师奖	贵州省教育厅	2017
67	肖佳迪 杨先友	贵州省职业技能大赛—信息技术类虚拟现实（VR）技术应用三等奖优秀指导教 师奖	贵州省教育厅	2017
68	陈建娜	贵州省职业技能大赛—财经商贸类职业英语技能（其他类专业组）三等奖优秀指导教师奖	贵州省教育厅	2017
69	李天龙 宋晓晓	第三套大众锻炼标准成人组3级高职院校组优秀奖优秀指导教师奖	贵州省教育厅	2017
70	陈纪周 姜宽 文景	2017第六届全国全民健身操大赛（贵州赛区）徒手广场健身操（舞）（自选动作）一等奖高职院校组优秀指导教师奖	国家体育总局体操运动管理中心、中国健美操协会、全国全民健身操舞推广委员会	2017
71	龙涵钰 徐源 杨钦	2017第六届全国全民健身操大赛（贵州赛区）徒手广场健身操（舞）（自选动作）二等奖高职院校组优秀指导教师奖	国家体育总局体操运动管理中心、中国健美操协会、全国全民健身操舞推广委员会	2017
72	黄恩艳 周慧珍	2017第六届全国全民健身操大赛（贵州赛区）第三套大众锻炼标准成人组3级高职院校组三等奖优秀指导教师奖	国家体育总局体操运动管理中心、中国健美操协会、全国全民健身操舞推广委员会	2017
73	李天龙 宋晓晓	2017第六届全国全民健身操大赛（贵州赛区）第三套大众锻炼标准成人组3级高职院校组优秀奖优秀指导教师奖	国家体育总局体操运动管理中心、中国健美操协会、全国全民健身操舞推广委员会	2017
74	卢悦	贵州省职业技能大赛—医药卫生类护理技能—教师组一等奖	贵州省教育厅	2017

75	熊佳	贵州省职业技能大赛—医药卫生类护理技能—高职组三等奖优秀指导教师奖	贵州省教育厅	2017
76	文景	贵州省职业技能大赛—文化艺术类艺术专业技能（中国舞表演（单、双、三人舞））二等奖优秀指导教师奖	贵州省教育厅	2017
77	文景	贵州省职业技能大赛—文化艺术类艺术专业技能（中国舞表演（群舞）二等奖优秀指导教师奖	贵州省教育厅	2017
78	郑忆 周言娇	贵州省职业技能大赛—财经商贸类电子商务技能团体二等奖优秀指导教师奖	贵州省教育厅	2017
79	郑忆	贵州省职业技能大赛—财经商贸类市场营销技能团体二等奖优秀指导教师奖	贵州省教育厅	2017
80	白桂霞	贵州省职业技能大赛—财经商贸类互联网国际贸易团体二等奖优秀指导教师奖	贵州省教育厅	2017
81	梁金龙 何勰	贵州省职业技能大赛—财经商贸类银行综合技能团体二等奖优秀指导教师奖	贵州省教育厅	2017
82	方金芳 梁金龙	贵州省职业技能大赛—财经商贸类会计技能团体三等奖优秀指导教师奖	贵州省教育厅	2017
83	郑忆 周言娇	贵州省职业技能大赛—财经商贸类电子商务技能团体三等奖优秀指导教师奖	教育部	2017
84	黄仕禹	2017 年度全省学校安全教育管理综治工作先进个人	贵州省教育厅、贵州省综治委校园及周边治安专项组	2018
85	杨平	2017 年度全省学校安全教育管理综治工作先进个人	贵州省教育厅、贵州省综治委校园及周边治安专项组	2018
86	史肖蒙	贵州省辅导员职业能力大赛三等奖	贵州省教育厅	2018
87	王义	汽车电动窗 CAN 总线控制系统研究与产业化应用三等奖	贵州省人民政府	2018